## बैडमिंटन क्वीन

# साइना नेहवाल

राजशेखर मिश्र



डायमंड बुक्स

www.diamondbook.in

प्रकाशक : **डायमंड पॉकेट बुक्स (प्रा.) लि.**
X-30 ओखला इंडस्ट्रियल एरिया, फेज-II
नई दिल्ली-110020
फोन : 011-40712200
ई-मेल : sales@dpb.in
वेबसाइट : www.diamondbook.in
मुद्रक : रेप्रो (इंडिया)

---

**Badmintion Queen Saina Nehwal**

*By : Rajshekhar Mishra*

# भूमिका

नाम है साइना नेहवाल। बैडमिंटन की सुपरस्टार खिलाड़ी। दुनिया की नंबर-वन खिलाड़ी। पद्मश्री और राजीव गांधी खेल रत्न से सम्मानित। ओलंपिक पदक विजेता। अपनी उम्र से भी ज्यादा बड़ी सफलताएं अर्जित करने वाली जांबाज खिलाड़ी। अपनी मेहनत के दम पर ही इस छोरी ने इतनी शोहरत पाई है। वैज्ञानिक पिता और बैडमिंटन खिलाड़ी मां ने साइना को सुपरस्टार बनाने में इतनी मेहनत की है, जिसकी एक सामान्य व्यक्ति कल्पना तक नहीं कर सकता। कर्जे ले-लेकर पिता ने बेटी को 'वह' बनाया, जो दरअसल वह बनना चाहती थी। बहुत कष्ट सहकर पाला गया है साइना नेहवाल को।

साइना ने 12 साल की उम्र में ओलंपिक पदक जीतने का जो सपना देखा था, वह उसने दस साल बाद पूरा भी कर लिया। 2012 में लंदन ओलंपिक में उसने कॉस्य पदक जीत भी लिया। दस सालों का यह सफर कैसे पूरा हुआ? यह जानना और समझना तो और भी दिलचस्प है तथा प्रेरणादायक भी।

इस उत्साही बालिका और सुपर स्टार खिलाड़ी पर पुस्तक लिखने के संदर्भ में जब डायमंड बुक्स के चेयरमैन श्री नरेंद्र कुमार वर्मा जी ने मुझसे बात की, तो मैं यह काम करने को तुरंत तैयार हो गया। अब तक क्रिकेट आदि पर बहुत-सी किताबें लिखीं, लेकिन साइना नेहवाल जैसी महानायिका पर कलम चलाना उतना आसान नहीं था।

बहरहाल, साइना नेहवाल के जीवन पर केंद्रित पुस्तक आपके हाथों में है। पुस्तक में साइना के बचपन से लेकर आज तक के जीवन

की विस्तार से चर्चा की गई है। तमाम ऐसे अनछुए पहलुओं को भी पुस्तक में समाहित किया गया है, जो साइना नेहवाल या फिर उनके पिता डॉ. हरवीर सिंह ने स्वयं बताए हैं। साथ ही अनेक पुस्तकों और वेबसाइट्स पर उपलब्ध जानकारी का अध्ययन कर आवश्यक सूचनाओं से इसे सुसज्जित किया गया है।

वैसे यह बात सबके लिए जानना जरूरी है कि कैसे एक मध्यम वर्गीय परिवार अपनी बेटी को एक महंगे खेल में अपना कैरियर बनाने के लिए प्रोत्साहित करता है और उसे उस क्षेत्र में बुलंदियों तक पहुंचता भी है। अपने देश की इस महान खिलाड़ी के बारे में कुछ लिखना और लोगों को बताना, वास्तव में मेरे लिए गर्व की बात है।

**–राजशेखर मिश्र**

# विषय सूची

# 1. जग जीतने को बेताब साइना

भारत की सुपरस्टार बैडमिंटन खिलाड़ी साइना नेहवाल ने जो चाहा, वह उसे मिला है। बचपन से ही वह चाहती थी कि वह बैडमिंटन की स्टार खिलाड़ी बने, वह बन गईं। उन्होंने ओलंपिक पदक जीतने का सपना देखा, वह भी पूरा हुआ। उन्होंने चाहा कि वह दुनिया की पहले नंबर की खिलाड़ी बने, वह भी बन गईं। यानी उन्होंने जो चाहा, वह उन्हें मिला। बचपन में ही उन्होंने दुनिया को जीतने का जो सपना देखा था, वह भी सन् 2015 में पूरा हो गया। 28 मार्च को वह दुनिया की नंबर वन खिलाड़ी बनी तो थी, लेकिन कुछ दिन बाद ही वह फिर से नंबर-टू हो गईं। कुछ दिन बाद ही वह फिर से नंबर-वन बन गईं। 16 अप्रैल, 2015 को जारी की गई वर्ल्ड रैंकिंग में वह फिर से दुनिया की नंबर-वन खिलाड़ी बन गई हैं।

चीन की मशहूर खिलाड़ी ली ज्यूरुई के तीसरे स्थान पर पहुंचने के बाद साइना को यह शीर्ष स्थान हासिल हो गया। यह बात तो हम सब जानते ही हैं कि अप्रैल के शुरुआती दिनों में इंडियन ओपन सुपर सीरीज जीतने के साथ ही वह वर्ल्ड रैंकिंग में पहला स्थान पाने वाली दुनिया की पहली भारतीय महिला खिलाड़ी बन गईं। इससे पूर्व प्रकाश पादुकोण ने पुरुष खिलाड़ियों में यह स्थान हासिल किया था। प्रकाश पादुकोण मशहूर फिल्मी अदाकारा दीपिका पादुकोण के पिता हैं। इस समय 80 हजार 91 अंकों के साथ साइना नेहवाल टॉप पर हैं। स्पेन की कैरोलिना भागिन 79 हजार 578 अंकों के साथ दूसरे स्थान पर हैं, तो तीसरे नंबर पर हैं चीन की ली ज्यूरेई। उनके हैं कुल 72 हजार 564 अंक।

जहां तक वर्ष 2015 में साइना की सफलता का सवाल है, तो उनके लिए यह साल अब तक बहुत ही बढ़िया और शानदार रहा है। जनवरी

में वह 'इंडियन ग्रां प्री गोल्ड' खिताब जीतने में सफल रहीं, तो मार्च के अंत में उन्होंने 'इंडियन ओपन सुपर सीरीज' का खिताब जीता। फरवरी में वह 'ऑल इंग्लैंड ओपन वर्ल्ड सीरीज' के फाइनल में पहुंचने वाली पहली भारतीय महिला खिलाड़ी भी बनीं। यही नहीं, इसी साल मलेशिया ओपन सुपर सीरीज में भी वे सेमीफाइनल तक पहुंची थीं।

पांच फुट पांच इंच लंबी साइना नेहवाल को अतीक जौहरी, पुलेला गोपीचंद और विमल कुमार जैसे दिग्गज स्टार कोचिंग दे रहे हैं। जहां तक उनकी सफलताओं का सवाल है, तो वह अब तक कुल 16 ग्रां और सुपर सीरीज खिताब जीत चुकी हैं। वर्ष 2010 में उन्होंने 'ओलंपिक' में कांस्य पदक और 'एशियन चैंपियनशिप' में भी कांस्य पदक जीता था। उबेर कप की टीम में भी वह थीं, जिसने वर्ष 2010 में कांस्य पदक जीता था। वर्ष 2010 में दिल्ली में हुए राष्ट्रमंडल खेलों में भी वह एकल स्पर्धा में स्वर्ण पदक जीत चुकी हैं, वर्ष 2008 में पुणे में 'वर्ल्ड जूनियर चैंपियनशिप' में भी उसने स्वर्ण पदक और मिक्सड टीम में रजत पदक जीता था। इसी वर्ष हुए 'राष्ट्रमंडल यूथ गेम्स' में उन्होंने बालिका वर्ग में एकल स्पर्धा में स्वर्ण पदक जीता था। सायना इतनी सारी उपलब्धियों को अर्जित कर चुकी हैं और अभी भी उनका सफर निर्बाध गति से जारी है। जग जीतने को बेताब इस सुपरस्टार की विजय यात्रा कहां पर जाकर समाप्त होगी, इसकी तो अभी सिर्फ-और-सिर्फ कल्पना ही की जा सकती है।

कहते है कि चैंपियन लोग बहुत पहले ही चैंपियन बनने के सपने देख लेते हैं। अगर उस खिलाड़ी ने ठान लिया और उस दिशा में जी -जान लगा दे तो उनके सपने पूरे भी होते हैं। साइना नेहवाल का उदाहरण सामने है। उन्होंने बचपन में दो सपने देखे, दोनों पूरे हो चुके हैं। वह ओलंपिक पदक जीतना चाहती थीं, उन्होंने उसे जीत लिया। बाद में उन्होंने दुनिया की नंबर-वन खिलाड़ी बनने का सपना देखा, वह सपना भी अभी हाल ही में पूरा हो गया है। अब सुनने में आ रहा है कि वह ऑल इंग्लैंड का भी खिताब जीतना चाहती हैं, वह भी पूरा हो ही जाएगा, क्योंकि इस साल उस प्रतियोगिता के फाइनल तक तो वह पहुंच ही गई थीं। वह पिछले दसेक सालों से बहुत ही धुआंधार तरीके से बैडमिंटन में कामयाबी के झंडे गाड़ रही हैं। इन्हीं दस सालों में न सिर्फ उन्होंने अपना खेल सुधारा, बल्कि यह साबित भी किया है कि वह वर्ल्ड क्लास खिलाड़ी हैं। वर्ल्ड

चैंपियन भी हैं। दुनिया की नंबर-वन महिला खिलाड़ी होने की रैंकिंग पाना कोई आसान काम नहीं है।

एक मध्यम वर्गीय परिवार में जन्मी इस विश्व विजेता खिलाड़ी को टॉप पर पहुंचाने में उसके पिता डॉ. हरवीर सिंह और मां उषा रानी का भी अद्‌भुत योगदान है। दोनों ने अपनी इस छोटी बेटी के साथ खूब मेहनत की है। हरवीर सिंह ने अपनी बेटी के इस शौक को पूरा करने के लिए अपने प्रॉविडेंट फंड से कर्ज तक लिया, ताकि उनकी बेटी का वह सपना पूरा हो सके, जो उसने बहुत पहले देखा था।

हकीकत तो यह है कि साइना नेहवाल की कहानी अपने आप में एक प्रेरणादायक और अनुकरणीय कहानी है। ऐसी कहानी, जिससे प्रेरणा पाकर इस देश के, दुनिया-भर के लोग अपने-अपने घरों में विश्व विजेता पैदा कर सकते हैं। बस माता-पिता में अपने बच्चों को विश्व विजेता बनाने की ललक होनी चाहिए। साइना नेहवाल से अच्छा उदाहरण इस विश्व में कोई है ही नहीं।

साइना नेहवाल, डॉ. हरवीर सिंह की छोटी बेटी हैं। हरवीर सिंह मूलतः उत्तर प्रदेश के गाजियाबाद जिले के रहने वाले हैं। उनकी पत्नी उषा मेरठ की हैं। चूंकि डॉ. हरवीर पेशे से कृषि वैज्ञानिक हैं, लिहाजा उन्हें कई साल हिसार में रहना पड़ा। वहीं पर साइना का जन्म हुआ। उन्हें पहले से ही एक बेटी थी। जब दूसरी बार भी बेटी हुई, तो परिवार में थोड़ी हाय-तौबा भी मची। कहा गया कि ऐसा नहीं होना चाहिए था। खैर अब-सब खुश हैं, क्योंकि वही बेटी अब विश्व विजेता जो बन गई। वैसे साइना को बैडमिंटन खिलाड़ी बनाने में मां-बाप की भूमिका भी बहुत सार्थक और महत्त्वपूर्ण रही है। दोनों स्वयं भी बैडमिंटन के खिलाड़ी रहे हैं। विशेषकर मां उषा रानी ज्यादा अच्छी खिलाड़ी थीं और साइना को शुरुआती दिनों में उन्होंने ही बैडमिंटन खेलने के लिए प्रेरित किया।

शुरुआती दिनों में तो परिवार पर उसके खेल के चलते कोई खास असर नहीं पड़ा, लेकिन जैसे-जैसे साइना बड़ी होती गई, उसके खेल के सामान भी महंगे होते चले गए। हालांकि इस संदर्भ में पिता हरवीर सिंह ने हिम्मत नहीं हारी और साइना को महंगे-से-महंगे रैकेट लाकर देते थे। जब सामान्य खिलाड़ी 500-600 रुपये के रैकेट से बड़े टूर्नामेंट में खेलते थे, तभी साइना के पास 1700 रुपये का रैकेट होता था। एकाध बार तो उसका रैकेट चोरी भी हो गया, लेकिन उससे उसके खेल पर कोई फर्क

नहीं पड़ा, क्योंकि पिता ने तुरंत उसे दूसरा जो लाकर दे दिया था। वह खुश, फिर से नया रैकेट मिला।

साइना जब भी टूर्नामेंटों में भाग लेने जाती थीं, उसकी मां उषा रानी ज्यादातर अवसरों पर उनके साथ होती थीं। एक-एक टूर्नामेंट में पचास हजार रुपये तक खर्च हो जाया करते थे, लेकिन डॉ. हरवीर सिंह ने कभी भी पैसे की कमी को लेकर उफ तक नहीं की और साइना को पूरे मनोयोग से खिलाड़ी बनाने में वह संलग्न रहे। अपनी बेटी को खिलाड़ी बनाने में उन्होंने किसी भी स्तर की कोई भी कोताही नहीं की। पैसा बाधा न बने, इसलिए उन्होंने अपने प्रोविडेंट फंड से कई बार कर्ज भी लिया। यह कर्ज यह बताकर लिया गया कि उनकी पत्नी उषा रानी (साइना की मां) बीमार हैं।

धीरे-धीरे स्थितियों में बदलाव आना शुरू हो गया। जैसे-जैसे साइना का कैरियर आगे बढ़ा, उसे प्रायोजक (स्पांसर) मिलने लगे और हरवीर सिंह पर आर्थिक बोझ पड़ना कम होने लगा। वर्ष 1999 में 'स्पोर्ट्स अथॉरिटी ऑफ इंडिया' ने 700 रुपये की फेलोशिप दी, तो 2003 में पेट्रोलियम मंत्रालय से उसे 2500 रुपये माह की फेलोशिप मिल गई। इतना मिलने के बाद भी उसके खर्चे पूरे नहीं हो पाते थे, क्योंकि तब अकेले साइना के खेल पर कुल मिलाकर 12 हजार रुपये प्रतिमाह खर्च हो जाते थे और बिना किसी रुकावट के साइना के पिता उसे पूरा भी कर दिया करते थे।

थोड़ा आगे चलकर साइना नेहवाल की मदद भारत पेट्रोलियम ने कर दी। उसे 15 हजार रुपये की फेलोशिप तो दी ही गई, साथ ही यह आश्वासन भी दिया गया कि 18 साल की होने पर उसे यहीं पर खेल प्रशासक (स्पोर्ट्स एग्जीक्यूटिव)की नौकरी भी मिलेगी, साथ में मोटी तनख्वाह भी। हरवीर सिंह उन दिनों को याद करते हुए बताते हैं कि आर्थिक रूप से मुझे दिक्कतें तो हुईं, लेकिन प्रभु की कृपा से काम चलता रहा। वह बोले, 'वैसे मेरे लिहाज से वर्ष 1999 से लेकर 2004 तक का समय मेरे लिए बहुत-बहुत खराब गुजरा है। तब हमें बहुत दिक्कतें हुई थीं।' अब स्थितियां बदल गई हैं। बड़ी प्रतियोगिताएं जीतने, बड़े स्पांसर मिलने के चलते अब साइना नेहवाल की कमाई करोड़ों में हो गई है। आंकड़े जो कहानी बताते हैं, उसके हिसाब से मोटा-मोटा अनुमान लगाया जा सकता है कि वर्ष 2010 में उसने 60 लाख रुपये इनकम टैक्स दिया था, जो एक साल बाद

बढ़कर डेढ़ करोड़ रुपये हो गया था। इस समय वह करीब पांच लाख रुपये हर साल अपने खाते मैनेज करने के लिए चार्टर्ड एकाउंटेंट को देती हैं। ये आंकड़े देखकर समझा जा सकता है कि आज वह कहां है और उसकी कितनी कमाई है? साइना को साइना बनाने में तो वैसे तो कई गुरुओं का योगदान रहा है, लेकिन सही संदर्भों में उसके साथ सबसे ज्यादा मेहनत अगर किसी ने की है, तो वह है पुलेला गोपीचंद। गोपी अपने समय के बहुत ही शानदार खिलाड़ी रहे हैं और भारत में इस खेल को लोकप्रियता दिलाने में उनका भी बहुत लंबा योगदान रहा है। वह लंबे अरसे से साइना नेहवाल के साथ जुड़े रहे हैं और अब भी साइना को इस खेल का ज्ञान देने में पीछे नहीं रहते हैं।

साइना को सबसे पहले जिस कोच ने ज्ञान का पाठ पढ़ाया था, वे थे स्वर्गीय पी.एस.एस. नानी प्रसाद। उन्होंने यह भविष्यवाणी भी की थी कि यह लड़की आने वाले समय में इस खेल की महारानी बनेगी। दुर्भाग्यवश वर्ष 2010 में गंभीर बीमारी के चलते उनका निधन हो गया। साइना ने उनके इलाज के लिए तब 50 हजार रुपये का इंतजाम किया था ताकि उनके कोच सर जल्दी ठीक हो सकें।

नानी प्रसाद के अलावा मीर महबूब अली, मोहम्मद आरिफ जैसे दिग्गजों ने साइना को सुपरस्टार बनाने में उसकी बहुत अधिक सहायता की थी। बाद में उसे पुलेला गोपीचंद और विमल कुमार जैसे लोगों से भी कोचिंग मिली, जो अब भी उसे कोचिंग दे रहे हैं। लेकिन इन दिनों भारतीय टीम के कोच हैं अतिक जौहरी। 14 अगस्त, 1949 को तांगरांग इंडोनेशिया में जन्मे अतिक इस खेल के टॉप क्लास कोच हैं। वह बैंडमिंटन के बहुत ही शानदार खिलाड़ी भी रह चुके हैं। साइना से पहले वह स्वीडन की टीम के कोच थे, जो थॉमस कप के फाइनल राउंड में जा पहुंची थी। सन् 2000 में वह मलेशिया की टीम के प्रख्यात कोच थे। वह पिछले करीब तीन सालों से साइना के साथ जुड़े हैं। एक साल पूर्व साइना ने अपने कोच गोपीचंद को बदलकर विमल कुमार बैडमिंटन के ज्ञाताओं की अगर बात मानी जाए, तो कहा यही जाता है कि साइना नेहवाल को विश्व की नंबर-वन खिलाड़ी बनवाने में विमल कुमार की भूमिका बहुत महत्त्वपूर्ण रही है।

एक समय था, जब साइना चीन और मलेशिया की खिलाड़ियों से सबसे ज्यादा परेशान रहती थीं, तब इसी कोच ने उनकी पूरी सहायता की।

उन्होंने साइना को इतना ताकतवर बना दिया कि अब चीन की वही महिला खिलाड़ी साइना नेहवाल के आगे पानी भरतीं हैं, जो पहले उसे कोर्ट में परास्त कर दिया करती थीं।

साइना के आलोचक इस बात को कहने में किंचित मात्र भी नहीं हिचकिचाते कि सन् 2010 के एशियाई खेल साइना के कैरियर में लगा सबसे बड़ा दाग है। इस संदर्भ में जब साइना के कोच विमल कुमार से बात की गई, तो उन्होंने साफ तौर पर कहा कि ऐसा कतई नहीं है। इसकी असली वजह है समय। दिल्ली के राष्ट्रमंडल खेलों और 'ग्वांग्झू एशियाड' खेलों के बीच तकरीबन एक महीने का वक्त था। यह तो आप जानते ही हैं कि साइना ने राष्ट्रमंडल खेलों में स्वर्ण पदक बहुत ही आसानी से जीत लिया था। उस विजय के बाद विजय समारोहों ने उसे इतना उत्साह किया था कि वह पूरे महीने सही संदर्भों में अभ्यास नहीं कर पाई थी और नतीजा क्या हुआ? साइना उन खेलों में वैसा खेल नहीं खेल पाई, जैसा उसे खेलना था। इस सबमें साइना नेहवाल का किसी भी तरह का कोई भी दोष नहीं है। वह अगर राष्ट्रमंडल खेलों के बाद अभ्यास कर लेतीं, तो उन्हें इस तरह की कोई दिक्कत नहीं होती और वह एशियाड में जरूर धमाका कर देती।

बैडमिंटन की यह सुपर गर्ल कैसे इतनी ऊंचाइयों तक पहुंची, इसे जानना और समझना बहुत जरूरी है। वह एक कृषि वैज्ञानिक की बेटी हैं, जो बहुत ही सज्जन व्यक्ति हैं। जमीन से जुड़े इंसान हैं उनके पिता। उनकी मां भी ऐसी ही हैं। सीधे-सादे-सच्चे लोग। यही सच्चाई साइना में भी है। बिना किसी लाग-लपेट के सच्चे मन से वह सब काम करती है। बचपन से ही वह जानती रही है कि सफलता का कोई शॉर्टकट नहीं होता है। मेहनत करोगे तो सफलता पाओगे। उसने मेहनत भी की और सफलता भी पाई। और अभी भी उसकी सफलता का क्रम बदस्तूर जारी है। उम्मीद है कि आने वाले दिनों में वह अभी और भी ऊंचाइयों को छुएगी। उड़ान का दौर जारी था, जारी है, ...और जारी रहेगा।

उनके कोच विमल कुमार का मानना है कि बैडमिंटन के सिंगल्स खेलने वाले खिलाड़ियों का स्वर्णकाल 25 साल की अवस्था होती है। इस उम्र के आसपास खिलाड़ी बहुत बड़े-बड़े धमाके करते हैं। साइना ने 17 मार्च, 2015 को ही तो 25 साल पूरे किए हैं... और देखिए करीब 12

दिन बाद ही वह दुनिया की नंबर-वन खिलाड़ी बन गई। वर्ल्ड रैंकिंग में नंबर-वन बनना किसी भी खिलाड़ी का सबसे बड़ा सपना होता है। सबसे बड़ी उपलब्धियां होती है। जो साइना ने हासिल कर ली है। यही वह पोजीशन है, जहां पहुंचने के लिए वह सपने भी देखती थी और पहुंचने को लालायित भी रहती थीं। उसका एक सबसे बड़ा सपना भी पूरा हो गया।

एक सच्चाई और। यह बात तो विश्व का हर बैडमिंटन प्रेमी जानता भी है और समझता भी है कि तकरीबन दस सालों से साइना नेहवाल अपने से बड़ी उम्र की लड़कियों को चकमा देती रही हैं और उन्हें परास्त भी करती रही हैं और अब जबकि वह एक परिपक्व खिलाड़ी हो चुकी हैं, तो उनकी विपक्षी खिलाड़ियों की उम्र पहले के मुकाबले ज्यादा हो चुकी है। वे साइना के मुकाबले बहुत बुजुर्ग भी हो चुकी हैं और उनका खेल भी थोड़ा शिथिल पड़ने लगा है। इस सबका सीधा-सीधा फायदा साइना को ही मिल रहा है और अभी सालों तक मिलेगा। कुल मिलाकर यही कहा जा सकता है कि साइना का स्वर्णकाल का दौर शुरू हो चुका है और मनुष्य सबसे ज्यादा गौरव, विजय और यश इसी स्वर्ण युग में ही तो हासिल करता है।

भारत की बैडमिंटन रानी साइना नेहवाल अब विश्व की महारानी बन रही है, लगभग बन भी चुकी हैं। विश्व की नंबर-वन की रैंकिंग पाना यही कहानी तो बताता है। अपने देश में तो वह रोल मॉडल भी बन चुकी है। यहां की हर लड़की आज साइना नेहवाल ही बनना चाहती है। ओलंपिक पदक के अलावा तमाम अन्य प्रतियोगिताएं जीतना यही बात दर्शाते हैं कि वह अब जल्दी पराजित होने वाली नहीं है।

बहरहाल, विश्व की नंबर-वन की पोजीशन पाने वाली इस भारतीय सुपर गर्ल को अभी बहुत कुछ करना बाकी है। अगले साल (रियो-2016) में ओलंपिक खेल होने हैं। इन खेलों में भी भारतीय खिलाड़ी फिर से अपनी धाक जमाएंगे और सोना भी जीतेंगे। यह बात तो सब मानकर चल रहे हैं कि इस बार साइना नेहवाल ओलंपिक में सोने का पदक जीतने की प्रबल दावेदार है। वर्ल्ड रैंकिंग में नंबर-वन बन चुकीं साइना ने अभी जीतना शुरू किया है, विश्व विजय की यह इबारत स्वर्ण अक्षरों में लिखी जाएगी, जरूर लिखी जाएगी, यह तय मानिए।

# 2. हिसार- 17 मार्च, 1990

साइना नेहवाल के पिता डॉ. हरवीर सिंह इस वक्त हैदराबाद में रहते हैं, वैसे मूलत: वह हरियाणा के हिसार जिले के रहने वाले हैं। नौकरी के सिलसिले में डॉक्टर साहब को हरियाणा छोड़कर हैदराबाद जाना पड़ा। 17 मार्च, 1990 को हिसार में ही साइना का जन्म हुआ। उसकी पहली झलक पाकर ही उन्हें इस बात का अहसास हो गया था कि इस लड़की की वजह से उन्हें बहुत नाम भी मिलेगा और प्रशंसा भी। रात पौने नौ बजे के करीब साइना का जन्म हुआ था, तब परिवार के सारे लोग अस्पताल परिसर में ही थे। चौधरी चरण सिंह हरियाणा कृषि विश्वविद्यालय, हिसार के अस्पताल में उसका जन्म हुआ था। वह सामान्य डिलीवरी के माध्यम से इस दुनिया में आई थीं। उनका परिवार शुरू से धार्मिक परिवार रहा है। शिरडी साईं बाबा के नाम से उन्होंने वहां एक मंदिर भी बनवा रखा है, जिसका नाम है साईं नाम। उनकी पहली बेटी यानी साइना की दीदी का नाम है अबु चंडांशु, के बाद डॉ. हरवीर सिंह ने साइना के नाम के साथ अपना गोत्र लगाया। उनका गोत्र है नेहवाल, तो नाम उन्होंने साईं के नाम पर रखा– साइना। पूरा नाम हुआ साइना नेहवाल। जब साइना करीब एक सप्ताह की थी, तब उसकी नानी आई थीं अपनी बेटी की बेटी को देखने, जबकि करीब एक महीने बाद साइना के पिता के घर से लोग उसे देखने आए थे। गांव से हिसार आने में उन्हें करीब एक महीने का वक्त लग गया था। उनके पिता हरवीर का कहना था कि मैं तो यह सुनकर चौंक-सा गया, जब मेरी मां ने मुझसे कहा कि तू तो मुझे बुलाता भी नहीं है। उसके कुछेक बरसों बाद एक पत्रिका से बात करते हुए साइना ने कहा था कि मेरी दादी मेरे पैदा होने से ज्यादा खुश नहीं थीं, क्योंकि मैं अपने पापा की दूसरी बेटी जो थी। वही बेटी, जो पहले अपने घर-परिवार

के लिए बोझ-सी बन गई थी, वही साइना आज नौजवान पीढ़ी के लिए आदर्श है। समाज में आज भी तमाम ऐसे परिवार हैं, विशेषकर हरियाणा में, जहां अभी भी लड़कियों को अवांछित संतान के रूप में जाना और माना जाता है। यही नहीं, आज भी लाखों परिवार ऐसे हैं, जो अपनी बेटी को न तो आईब्रो बनवाने देते हैं और न ही उन्हें घर से बाहर ही निकलने देते हैं। स्त्री लिंग आज भी इस राज्य के लिए शापित माना जाता है, समझा जाता है।

साइना द्वारा पत्रिका में दादी के संदर्भ में दिए गए बयान को लेकर बहुत बखेड़ा हो गया था और उनके ताऊजी ने इस मामले को गंभीरता से भी लिया था। हालांकि बाद में पिता हरवीर सिंह ने यह कहकर मामले को टाला कि हां, साइना को इस तरह के विवादों से बचना चाहिए था। बाद में उन्होंने यह भी बताया कि हरियाणा में पहली बेटी होने पर तो शायद एकाध लोग आपको बधाई भी दे दें, लेकिन यदि दूसरी संतान भी बेटी ही हो तो लोगों का आपके और आपके परिवार के प्रति नजरिया पूरी तरह से बदल जाया करता है।

हरियाणा की सामाजिक व्यवस्था और संरचना के बारे में बताते हुए वह कहते हैं कि साइना के जन्म के समय मेरे परिवार को ऐसी बातें बिलकुल नहीं कहनी चाहिए थीं। उस समय मेरे दोनों भाइयों के दो-दो बेटे थे। जब साइना जन्मी, तब बच्ची के आगमन को खुशी के तौर पर लिया जाना चाहिए था, लेकिन ऐसा हुआ नहीं। जब मेरी बड़ी बेटी अबु का जन्म हुआ था, तब परिवार खुश था, क्योंकि मेरी बड़ी बहन के जन्म के बाद परिवार में कोई बेटी आई थी। मेरे लिए तो यह अति प्रसन्नता की बात थी कि जब सन् 2006 में साइना को 'एंबेसडर फॉर द गर्ल चाइल्ड' के रूप में चुना गया। सानिया मिर्जा के बाद साइना को ही यह प्रतिष्ठित पुरस्कार मिला था।

उनके पिता हरवीर सिंह बताते हैं कि हरियाणा का समाज बहुत ही शानदार और जानदार है। लिंग अनुपात को लेकर यहां का माहौल ठीक नहीं है। बेटी पैदा होना अभी भी ठीक नहीं माना जाता है। जबकि कुछ लोग ऐसा भी कहते हैं कि यदि बेटी की शक्ल बाप से मिले तो उसे बहुत भाग्यशाली माना जाता है। कहते भी हैं कि पितृ मुखी-सदा सुखी। यही नहीं, उन्होंने बताया कि उनकी मां (साइना की दादी) साइना से बहुत खुश

रहती थीं। साइना बचपन में बहुत शैतान थीं। तभी तो उसका नाम उन्होंने 'चुलबुली' रखा हुआ था। वह कहती भी थीं कि यह दूसरी कलावती आ गई है। मेरे जैसी ही है ये छोरी। कुरुक्षेत्र के अस्पताल में वर्ष 1997 में मेरी मां के देहांत के समय, सायना दादी के पास ही खेल रही थी।

साइना के पिता की जब शादी हुई, तब उनकी मां की उम्र बहुत कम थी। मां उषा रानी तब महज 14 साल की थीं, तो पिता उनसे नौ साल बड़े थे। पिता हिसार के थे, तो मां मेरठ की। 30 मई, 1970 को यह शादी हुई थी। जोड़ी अच्छी बनी थी, लेकिन साइना के नाना अपनी बेटी को शादी के बाद भी पढ़वाना चाहते थे, लिहाजा उनकी मां ज्यादातर मेरठ में ही रहीं और पढ़ीं। इस बात पर हरवीर की भी रजामंदी थी। ऐसे में गर्मी की छुट्टियों या फिर किसी सामाजिक समारोह में शिरकत करने के लिए ही वे हिसार आती-जाती थीं। ऐसा कई साल चला। हालांकि शुरुआती दिनों में हरवीर की मां ने इन सबका विरोध किया, लेकिन हरवीर के यह कहने पर कि उसे हिसार के हॉस्टल में खाना ठीकठाक मिल जाता है, कोई दिक्कत की बात नहीं है।

उस समय डॉ. हरवीर को तनख्वाह के रूप में एक हजार रुपये मिला करते थे। वह अक्सर पत्नी को किसी-न-किसी के माध्यम से महंगी साड़ी भेज दिया करते थे। तब एक महंगी साड़ी तीन सौ रुपये से भी ज्यादा की हुआ करती थी। जो भी मेरठ जाता वह यही कहता कि डॉक्टर साहब ने पत्नी के लिए महंगी साड़ी भेजी है।

हरवीर सिंह का परिवार मध्यम वर्गीय, लेकिन पढ़ा-लिखा परिवार है। गाजियाबाद (उत्तर प्रदेश) के धींदार गांव के रहने वाले हैं। परिवार के पास करीब ढाई एकड़ जमीन है, जिस पर गेहूं, चावल, गन्ना की खेती होती है। वैसे तो चारों भाइयों ने समय रहते खेतों में भी खूब काम किया है, लेकिन बाद में पढ़-लिखकर सबने अपना-अपना कैरियर बनाया। चार भाई के परिवार में सबसे बड़े भाई जगवीर सिंह कृषि विभाग में निदेशक के पद से रिटायर हुए हैं, तो दूसरे नंबर के भाई हैं हरवीर सिंह, जिन्होंने कीट विज्ञान में पोस्ट ग्रेजुएशन किया है। तीसरे भाई जगवीर की सन् 2007 में मृत्यु हो गई थी, जो हरियाणा कृषि विश्वविद्यालय में प्रोफेसर हुआ करते थे। उन्हें 'रफी अहमद किदवई' जैसे प्रतिष्ठित पुरस्कार से भी सम्मानित किया जा चुका है। सबसे छोटे भाई हैं ओमवीर, जो इस वक्त उत्तर प्रदेश

सरकार के साथ बीज प्रमाणक अफसर के रूप में काम कर रहे हैं।

गांव की खेती को लेकर हरवीर बहुत गंभीर रहा करते थे और खुलकर काम भी करते थे। सिंचाई के दिनों में उनकी रातें अकसर खेतों में ही गुजरती थीं। गेहूं की फसल सामान्यत: सर्दियों में ही तैयार होती हैं। दिसंबर-फरवरी की सर्दियों में खेतों में पानी देना होता है। यह जिम्मेदारी हरवीर की ही थी। रात में दो घंटे खेतों में पानी देने के लिए तय थे। यदि उन दो घंटों में पानी नहीं दिया गया, तो उसके बाद समय समाप्त। अगले दिन फिर दो घंटे मिलते थे। हरवीर की सारी-सारी रातें तब जागते हुए ही बीता करती थीं।

सन् 1960 के दशक में देश का राजनीतिक माहौल एकदम से बदल गया था। तत्कालीन प्रधानमंत्री लाल बहादुर शास्त्री के नारे 'जय जवान-जय किसान' ने देश में नए रक्त का संचार तो किया ही था, साथ ही किसान तब बहुत उत्साहित रहने लगे थे। हालांकि उससे पहले खाद्यान्न की बड़ी समस्या रहती थी और खाली कटोरा लिए सबका मुंह ताका करते थे, लेकिन नई क्रांति आने के बाद से माहौल बदला। किसानों ने खूब मेहनत की, नतीजतन उनके खेतों में खूब अनाज होने लगा, स्थितियां बदलने लगीं। दसवीं (मैट्रिकुलेशन) की परीक्षा में हरवीर ने 57.4 प्रतिशत अंकों से सफलता पाई। मजे की बात यह रही कि उसके गांव धींदर के 60 बच्चों में से सिर्फ वही अकेले थे, जिन्होंने यह परीक्षा पास की थी। इसका मतलब साफ है कि यह वह परिवार था, जो खेती-किसानी करने के साथ-साथ पढ़ाई-लिखाई करने में भी आगे रहता था, उस परिवार में कोई शख्स खेलों के प्रति आकर्षित हो जाए और चैंपियन भी बन जाए, बड़ा वाला चैंपियन। यह बात तो इसलिए भी चौंकाती है कि स्पोर्ट्स में चैंपियन, वह भी लड़की चैंपियन। यह पूछे जाने पर हरवीर और उनकी पत्नी उषा देवी का कहना है कि इसमें हमारी कोई भूमिका नहीं है। यह सब तो ऊपरवाले का खेल है। प्रभु की माया है, वो ही जाने। अचानक हिसार से हैदराबाद कैसे? 25 साल नौकरी करते हुए यहां हो गए, अब तो हम क्या भगवान को ही तय करना था कि हम रहें तो कहां रहें? बस यही सोचते-सोचते हम हैदराबाद के ही होकर रह गए।

छोटी उम्र में शादी होने के बावजूद 1980 में जब उषा रानी हिसार शिफ्ट हुईं, तब वह 20 साल की थीं। तभी से उन्होंने एक सही मायने में

अपने गृहस्थ जीवन की शुरुआत भी की थी। उन्होंने अपने पति से आगे पढ़ाई जारी रखने की बात की, तो हरवीर ने उन्हें मना नहीं किया। उन्होंने 1983 में कुरुक्षेत्र विश्वविद्यालय से स्नातक किया। 23 दिसंबर, 1983 को अबु चंडाशु का जन्म हुआ। अबु साइना की बड़ी बहन है। अबु एक मशहूर हिल स्टेशन का नाम है, जहां साइना के मम्मी-पापा पहली बार एक साथ यात्रा करने गए थे।

साइना ने बैडमिंटन खेलना अपने मम्मी-पापा से ही सीखा है। हरवीर और उषा बैडमिंटन के बहुत ही अच्छे खिलाड़ी रहे हैं। अबु थोड़ी बड़ी हुई, तो दोनों ने फिर से खेलना शुरू कर दिया था। विश्वविद्यालय ने हरवीर को जो मकान दे रखा था, उसमें ही उन्होंने बैडमिंटन का कोर्ट भी बनवा लिया था। धीरे-धीरे दोनों ने ही इस खेल में महारत हासिल कर ली थी। एक स्थानीय प्रतियोगिता में जब इन दोनों ने मिक्सड डबल्स में खिताब जीता, तो एक स्थानीय अखबार 'नबजोर डेली' ने इन पर एक फीचर भी लिख डाला था। हकीकत यह है कि उषा हरवीर से भी ज्यादा अच्छा बैडमिंटन खेलती थीं। एक दिन हरवीर ने दोस्तों से कहा कि वह अपनी पत्नी को हराकर सबको कोल्ड ड्रिंक पिलाएंगे, लेकिन हरवीर जब ऐसा करने में सफल नहीं हो पाए, तो उन्होंने उषा से परास्त हो जाने की गुजारिश की। खैर, उषा मान गईं और फिर हुई दोस्तों की कोल्ड ड्रिंक पार्टी।

कुछ दिनों बाद उषा रानी ने अपने पति से कहा कि वह अपना पार्टनर बदलना चाहती हैं ताकि उनकी जोड़ी और अच्छा खेल सके, क्योंकि आप खेल में थोड़े हल्के हो। बस वही अंतिम दिन था, जब हरवीर ने बैडमिंटन खेलना छोड़ दिया था। वैसे महाभारत की वह कथा तो आपको याद होगी कि अभिमन्यु ने अपनी मां सुभद्रा के पेट में रहकर ही चक्रव्यूह को भेदने का राज जान लिया था। साइना की भी कहानी लगभग ऐसी ही है। उषा के गर्भ में जब साइना थीं, तब वह पांचवें महीने तक लगातार बैडमिंटन खेलती रही थीं। आप अब खुद ही यह सोच भी सकते हैं और समझ भी सकते हैं कि साइना नेहवाल का असली कोच और गुरु कौन है?

साइना ने बहुत छोटी-सी उम्र में ही बैडमिंटन कोर्ट देख लिया था। जब वह पांच महीने की ही थी, तभी उनकी मां ने फिर से बैडमिंटन खेलने का फैसला कर लिया था। हरवीर उस दिन को याद करते हुए भावुक हो

जाते हैं। कहते हैं, 'उषा को उस दिन खेलते देख साइना बहुत चीखी थी, चिल्लाई थी। हंसी भी और ठहाके मार रही थी।'

साइना उन दिनों को याद करते हुए भावुक हो जाती हैं। कहती हैं, 'मेरे माता-पिता हर रोज दोपहर में चौधरी चरण सिंह हरियाणा कृषि विश्वविद्यालय के फैकल्टी क्लब में बैडमिंटन खेलने जाते थे। मेरी बहन अबु और मैं भी उनके साथ हो लेती थीं। मैं ज्यादातर समय सोती ही रहती थी। अबु मुझसे सात साल बड़ी थीं, इसलिए जब मम्मी-पापा खेल रहे होते थे, तब वही मुझे संभालती थीं। मेरे पापा बताते हैं कि जब मैं छह साल की थी, तब खिलखिलाकर हंसते हुए शटल के पीछे इधर-उधर भागने लगी थी और खेल का आनंद लेने लगी थी। मैं तब बहुत ही गंभीर हुआ करती थी। शायद मुझे इस तरह से हंसते हुए उन लोगों ने पहली बार देखा था।'

हालांकि ये अच्छी यादें हैं, लेकिन सही मायने में इस खेल में मेरा आना इतना नाटकीय नहीं था। मेरा जन्म हरियाणा में हुआ था और बचपन के शुरुआती साल भी उसी राज्य के हिसार जिले में बीते। यहां मेरे पापा हरियाणा कृषि विश्वविद्यालय में वैज्ञानिक के पद पर काम करते थे। हम लोग एक छोटे-से क्वार्टरनुमा मकान में रहते थे, जो एक छोटे-से परिवार के लिए हुआ करता था। यह क्वार्टर मेरे पापा को आवंटित हुआ था। अबु और मैं उसी परिसर के स्कूल में पढ़ने जाया करते थे। दूसरे बच्चों और मेरी जीवनशैली में कोई अंतर नहीं था। सुबह आठ बजे से दोपहर डेढ़ बजे तक मैं स्कूल में होती और दोपहर का खाना खाते ही मैं घर से बाहर। मुझे बाहर जाकर खेलना और विश्वविद्यालय के परिसर में रहना बहुत अच्छा लगता था। मैं पेड़ों पर चढ़ती थी, क्रिकेट खेलती थी, चोर-सिपाही खेलती थी। मतलब कोई भी खेल, जिससे मैं घर से बाहर जा सकती थी, चली जाती थी।

जब मैं आठ साल की थी, तब मेरे पापा का भारतीय कृषि अनुसंधान परिषद, हैदराबाद में प्रमुख वैज्ञानिक के लिए चयन किया गया और उनका तबादला हो गया। हम लोग हैदराबाद चले गए। यह सन् 1998 की बात है। मैं अपने स्कूल, दोस्त और खेलों को भुला नहीं पा रही थी। हैदराबाद हमारे लिए बिलकुल ही नया शहर था और तेलुगू यहां की भाषा थी, जिससे हम लोग परिचित नहीं थे। हम लोग गर्मी की छुट्टियों के दौरान वहां शिफ्ट हुए थे, इसलिए मैं सारा दिन घर में बैठे-बैठे ऊब जाती थी।

मेरी इस दयनीय हालत को देखते हुए मेरे मम्मी-पापा ने वहीं पास के एक कराटे क्लास में नाम लिखा दिया। एक साल तक मैंने वहां कराटे सीखी। यहां तक कि मेरा स्कूल शुरू हो जाने के बाद भी मैं वहां एक घंटे के लिए जाती रही थी। किसी तरह ब्राउन बेल्ट हासिल करने में मैं सफल रही। इसके लिए शारीरिक परीक्षा से गुजरना होता था, जिसमें हम लोगों को सांसें रोककर रखनी होती है और पेट पर भारी-भरकम वजन का संतुलन बनाना होता है। जब मेरी बारी आई, तब एक आदमी, जिसका वजन 90 किलो से भी ज्यादा था, मेरे पेट पर चढ़ा, मैं सांस रोक नहीं पाई और छोड़ दिया। उस एक गलती की वजह से मेरे पेट में कई दिनों तक दर्द होता रहा और मेरी कराटे क्लास वहीं बंद हो गई। जब मैं पीछे मुड़कर देखती हूं तो सोचती हूं कि शायद कराटे की वजह से ही मेरे शरीर में थोड़ा-बहुत लचीलापन आया, लेकिन मैं शायद गलत भी हो सकती हूं।

मेरे पापा को पता लगा कि आगामी गर्मी के महीने में 'आंध्र प्रदेश खेल प्राधिकरण' बैंडमिंटन के समर कैंप का आयोजन करने जा रहा है। उन्होंने वहां पर मेरा नाम लिखाने का निर्णय लिया। जैसा कि मैं पहले बता चुकी हूं कि मम्मी और पापा दोनों हिसार में बैडमिंटन खेलते थे और मम्मी हरियाणा राज्य के लिए भी खेली थीं। मम्मी-पापा को बैडमिंटन बहुत पसंद था, हो सकता है इसी वजह से पापा का ध्यान कैंप की ओर आकर्षित हुआ। खैर जो भी हो, दूसरे दिन सवेरे-सवेरे पापा और मैं कोच पी.एस.एस. नानी और एस.एल. गोवर्धन रेड्डी से मिलने लाल बहादुर शास्त्री स्टेडियम पहुंच गए। ये दोनों बहुत ही वरिष्ठ और सम्माननीय कोच एवं खिलाड़ी थे। हम लोगों को कहा गया कि कैंप के लिए चयन का काम पूरा हो गया है। पापा को ना सुनना मंजूर नहीं था और वह पीछे मुड़कर देखना भी नहीं चाहते थे। वह किसी भी हाल में मुझे कैंप में डालने का निर्णय कर चुके थे। उन्होंने दोनों कोचों से आग्रह किया कि मुझे कम-से-कम एक मौका दें और मेरा खेल देख लें। आश्चर्यजनक रूप से उन्होंने बात मान ली और मैं बैडमिंटन कोर्ट में पहुंच गई। इससे पहले मैंने थोड़ा-बहुत बैडमिंटन खेला था, लेकिन इस समय यह मेरे लिए किसी अनजान खेल से कम नहीं था। मैं मानती हूं कि उस सुबह मैं किस्मत की बहुत धनी थी, क्योंकि मेरा पहला स्ट्रोक एक शानदार स्मैश था। नानी सर और गोवर्धन

सर दोनों बहुत प्रभावित हुए। इसके आगे मैं जानती थी कि समर कैंप में मेरे लिए जगह पक्की है।

अगले एक महीने के लिए मैं रोज सुबह बैडमिंटन कैंप जाती रही। मम्मी मुझे लाल बहादुर शास्त्री स्टेडियम ले जाती थीं। यह स्टेडियम हमारे घर से बहुत दूर था, इसलिए हम सबको सुबह होने से पहले ही उठना पड़ता था, ताकि मैं समय पर पहुंच सकूं। शुरू-शुरू में यह सब कुछ थोड़ा अटपटा-सा लगता था। इससे पहले मैंने कभी किसी समर कैंप में हिस्सा नहीं लिया था। यहां पर मुझे व्यायाम के तौर पर 400 मीटर की दौड़, रस्सी कूद, सीढ़ियों पर ऊपर-नीचे दौड़, छोटे रास्ते पर चार से पांच किलोमीटर की दौड़ आदि लगानी होती थी। मैं अपने जीवन में पहली बार इतना व्यायाम कर रही थी और यह मेरी दिनचर्या का हिस्सा था। इसके अलावा मम्मी का यह निर्णय लेना कि सुबह का व्यायाम बहुत नहीं है, इसलिए वह हर रोज दोपहर में घर में भी अभ्यास कराने लगीं। कैसे खेला जाना चाहिए, कैसे स्ट्रोक्स मारने चाहिए, यह सब मां मुझे सिखाती थीं और अगले दिन कैंप में किस बात पर ध्यान रखना है, यह बताती थीं। उन्होंने मेरे खेल में इस तरह दिलचस्पी ली कि मेरे कोच भी उनकी बात सुनने लगे। यह सब होने मात्र से मेरी ऊब खत्म हो गई थी।

जब कैंप खत्म हुआ, तब हम लोगों को बताया गया कि सभी खिलाड़ियों में से एक का चयन किया जाएगा, जिसे आगे का प्रशिक्षण दिया जाएगा। निःसंदेह, यह चयन खेल में प्रदर्शन के आधार पर ही होना था। मैं फाइनल में तो पहुंच गई, लेकिन वहां महाराष्ट्र की दिति नामक खिलाड़ी से हार गई। उसे प्रशिक्षण के लिए चुन लिया गया। लेकिन उनका दुर्भाग्य था कि वह वहां और दिनों तक नहीं रह सकती थी, क्योंकि उसे अपने घर नागपुर वापस जाना था। इसका मतलब था कि जगह मेरे लिए खाली है और मैं आगे बढ़ गई। गर्मी की छुट्टी में, उस दो शानदार स्ट्रोकों ने मेरी किस्मत का दरवाजा खोल दिया और उसके बाद तो मेरी जिंदगी ही बदल गई।

यहां तक के सफर में मैंने छुट्टियां बिताने से ज्यादा कुछ भी नहीं सोचा था। मम्मी-पापा ने इस बारे सोचा था या नहीं इसके बारे मैं कुछ पक्का नहीं कह सकती, लेकिन मेरी मम्मी परिवार में बहुत महत्त्वाकांक्षी हैं। बाद में उन्होंने निर्णय लिया कि जब मुझमें एक अच्छी बैडमिंटन खिलाड़ी बनने के सभी गुण हैं, तो मुझे इसे जारी रखना चाहिए। अकेली मेरी मां

ही चाहती थीं कि मेरी प्रशिक्षण और अभ्यास नियमित रूप से चलते रहें।

मैं उस समय भारतीय विद्या भवन स्कूल में चौथी कक्षा में पढ़ती थी, जो विद्याश्रम, हैदराबाद में स्थित था। स्कूल खुल गया था और मैं स्कूल जाने लगी। पढ़ाई और खेल दोनों साथ-साथ चलने लगा। जब मैं हिसार में थी, तब पढ़ने में बहुत अच्छी थी, इसलिए यहां भी इसे जारी रखने में कोई हर्ज नहीं था। लेकिन मेरे लिए इतना कर पाना बहुत कठिन हो गया था। मुझे इस बात का एहसास नहीं था, लेकिन समर कैंप ने मेरी जिंदगी बदल दी थी।'

साइना के पापा को राजेंद्र नगर में सरकारी क्वार्टर मिला था। वे लोग उसी में रहते थे। वहां से तकरीबन 25 किलोमीटर की दूरी पर बशीरबाग में लाल बहादुर स्टेडियम था, जहां प्रशिक्षण होती थी। पापा और साइना रोज चार बजे सुबह ही उठ जाते और तैयार होकर स्टेडियम जाने के लिए बस पकड़ते। सुबह 6 से 8 बजे के बीच प्रशिक्षण दी जाती और फिर साइना उल्टे पैर स्कूल के लिए भागती ताकि देर न हो जाए। ज्यादातर समय वह बहुत मुश्किल से ही सुबह की प्रार्थना में पहुंच पाती थी। दोपहर में 3:30 बजे, स्कूल के गेट पर उसकी मम्मी लेने आती थीं और स्टेडियम लेकर जाती थीं। बाद में उसके पापा लेने आते थे। इतना सब कुछ करने के बाद घर लौटते-लौटते रात के 9:30 बजे जाते थे और वह बिलकुल ही थक जाती। उसे पता रहता था कि पापा भी उतने ही थक जाते हैं, लेकिन न तो पापा ने और न ही मम्मी ने कभी उस पर यह जाहिर होने दिया। पहले कुछ वर्षों के दौरान कठिन शारीरिक प्रशिक्षण को सीखना बहुत मुश्किल भरा काम था। वह बड़ी भी हो रही थी और उसके पैरों की मांसपेशियों में हमेशा दर्द रहता था। दर्द के मारे साइना रात को उठकर रोने लगती थी। साइना का रोना सुनकर उसकी मम्मी फौरन उसके कमरे में आ जाती थीं और बादाम के तेल से पैरों की मालिश किया करती थीं और ऐसा कई बार हुआ। साइना को याद है कि उसकी आंखों के नीचे की त्वचा काली हो गई थी, लेकिन किसी भी हाल में खेल को छोड़ने का ख्याल नहीं आया। उसे कोर्ट में रहना, खेलना और जीतना पसंद था।

इसका मतलब यह कतई नहीं समझना चाहिए था कि पढ़ाई-लिखाई का महत्त्व नहीं था। चूंकि पापा वैज्ञानिक थे, इसलिए ऐसा लगता था कि अबु और मैं उसी दिशा में आगे बढ़ेंगे या फिर कम-से-कम पढ़ाई के प्रति

गंभीर रहेंगे। सच तो यह था कि मैं शुरू से ही डॉक्टर बनना चाहती थी, न कि 'विश्वश्रेणी की बैडमिंटन खिलाड़ी'। मेरी पढ़ाई की जगह बैडमिंटन ले ले, ऐसा कभी नहीं हुआ। कहने का मतलब यह है कि साइना नेहवाल पढ़ाई में अच्छी थी। कोई भी माता-पिता अपने बच्चे को दस साल की उम्र में ही पेशेवर बैडमिंटन खिलाड़ी बनाने की नहीं सोच सकते। अगर उसके माता-पिता के मन में इस तरह का कोई ख्याल था, तो इसके बारे में उसे बिलकुल पता नहीं था। लेकिन अब उसकी बैडमिंटन प्रशिक्षण समय-सारणी की वजह से चीजें बदलने लगी थीं। हालांकि उसके मम्मी-पापा ने स्कूल के काम को पूरा करने में कभी पीछे नहीं रहने दिया, लेकिन अभ्यास के बाद जब वह घर जाती थी, तब उसके पास पढ़ने के लिए समय नहीं बचता था। वह इतनी थक जाती थी कि होमवर्क करने के लिए बैठने की हिम्मत तक नहीं होती थी।

सन् 1990 में तिरुपति में दस साल से कम उम्र के खिलाड़ियों के लिए जिला स्तरीय प्रतियोगिता का आयोजन हुआ, जिसमें साइना भी खेली। यह प्रतियोगिता वह जीत गई जो उसके लिए पहली बड़ी सफलता थी। तब पुरस्कार राशि के रूप में उसे पांच सौ रुपये मिले थे। यह दरअसल उसकी पहली कमाई भी थी। वह उन पैसों का क्या करती? उसने वे पैसे मम्मी-पापा को दे दिए। अब भी जीतने पर वह ऐसा ही करती है।

साइना कहती हैं कि आप विश्वास नहीं करेंगे, लेकिन यह बात सच है कि अब भी हमसे यह पूछा जाता है कि क्या मुझ पर मम्मी-पापा का कोई दबाव था। मैंने इस संदर्भ में कई बार सोचा, लेकिन मेरे मन में यह जवाब मिला-नहीं, ऐसा बिलकुल भी नहीं है। ऐंसा उन लोगों ने नहीं किया है। जब उन लोगों को लगा कि मैं बैडमिंटन खेलना चाहती हूं तो उन्होंने मुझे पहले प्रोत्साहित किया, फिर उन्होंने मेरे साथ मेहनत करनी भी शुरू कर दी। मेरा हौसला भी बढ़ाया। हकीकत तो यह है कि वे सुबह-सुबह उठकर मेरी प्रशिक्षण के अनुरूप ही काम करते थे और मुझसे जुड़ी हर चीज को मुहैया कराने में कभी भी कोई देर नहीं करते थे। मैं आज जहां भी हूं, वहां पहुंचने का और कोई रास्ता नहीं होता, यदि इस तरह का समर्थन और प्रतिबद्धता मम्मी-पापा ने नहीं दिखाई होती। जिंदगी में कई काम ऐसे होते हैं, जिन्हें आप अकेले नहीं कर सकते हैं। उनमें से एक बैडमिंटन खिलाड़ी बनना भी है।

# 3. हमारा हैदराबाद

साइना नेहवाल के पापा डॉ. हरवीर सिंह का तबादला 1 अप्रैल, 1998 को हिसार से हैदराबाद हुआ था। तब साइना लगभग आठ साल की थी। यह बहुत ही अच्छा कदम नहीं कहा जा सकता था, क्योंकि उनका नया दफ्तर एन.जी. रंगा विश्वविद्यालय में ही था, जो राजीव गांधी अंतर्राष्ट्रीय एयरपोर्ट के समीप था। शहर वहां से करीब 25 किलोमीटर दूर था। हालांकि जिस विश्वविद्यालय में उनका तबादला हुआ था, वह बहुत विशालकाय और प्रतिष्ठित था। इंडियन साइंस कांग्रेस का आयोजन करके इस विश्वविद्यालय ने दुनियाभर में बहुत प्रशंसा और प्रतिष्ठा अर्जित कर ली थी।

डॉक्टर साहब को हैदराबाद पहुंचने में करीब छह से सात हफ्ते लग गए। 25 मई, 1998 को वह टाटा सूमो से हिसार से दिल्ली आए और वहां से वे आंध्रा एक्सप्रेस से हैदराबाद के लिए रवाना हुए। अगले दिन सुबह के समय उनका परिवार सिकंदराबाद रेलवे स्टेशन पहुंचा। उन दिनों हैदराबाद हमेशा खबरों में रहता था। राज्य के युवा मुख्यमंत्री चंद्रबाबू नायडू हमेशा नया भारत बनाने का सपना देखते थे। विशेषकर आईटी सेक्टर (इंफॉरमेशन टेक्नोलॉजी सेक्टर) को लेकर उनका नजरिया बहुत साफ था और उन्होंने इस सेक्टर को हैदराबाद में स्थापित करवाने में बहुत कोशिश भी की थी। अबु और साइना के लिए यहां सब कुछ बदला-बदला था। स्कूल भी बदलना था। साथ ही यह भी चिंता होने लगी थी कि इस नगर में जीवन कैसा होगा। हिसार के मुकाबले हैदराबाद बहुत बड़ा शहर और राज्य की राजधानी भी थी।

साइना की बड़ी बहन अबु ने उन्हीं दिनों हिसार में दसवीं की परीक्षा दी थी। उसके परिणाम पांच जून को आए, जिसमें उसने प्रथम श्रेणी प्राप्त की थी। इसी आधार पर उसका दाखिला सेंट एन्न स्कूल में हो गया, जो

मेहंदीपट्टनम, हैदराबाद में स्थित था, जबकि साइना का प्रवेश चौथी कक्षा में हुआ। डॉ. हरवीर सिंह उसका दाखिला भारतीय विद्या भवन विद्याश्रम में चाहते थे। हालांकि नया सत्र शुरू हो चुका था। एक दिन हरवीर सिंह पत्नी के साथ स्कूल के प्राचार्य ओ. सत्यनारायण राजू से मिलने गए। प्रिंसिपल ने सारी बातें जानने-समझने के बाद भी हां नहीं कहा। हालांकि बातचीत के दौरान हरवीर सिंह ने उन्हें बताया कि मेरी बेटी अच्छी एथलीट भी है। फ्रॉग रेस तथा अन्य खेलकूद प्रतियोगिताओं में उसने तीन पदक भी जीते हैं। मैथ में भी अच्छी है। इतने सुनने के बाद डॉक्टर राजू ने उनसे कहा कि देखिए खेलकूद को लेकर हम ज्यादा गंभीर नहीं हैं। हमारे यहां पढ़ाई पर ज्यादा ध्यान दिया जाता है।

हालात और स्थितियां कैसे बदलती हैं, इसका सर्वश्रेष्ठ उदाहरण है साइना नेहवाल। वर्ष 2002 में जब साइना आठवीं कक्षा में पढ़ती थी, तब उसने कोलकाता में हुए स्कूल गेम्स में बैडमिंटन में दो पदक जीते, तब प्रिंसिपल राजू ने छात्रों को संबोधित करते हुए कहा था कि आज के जमाने में बच्चों को अपना आदर्श साइना नेहवाल को ही बनाना चाहिए। आप सब छात्रों को ठीक उसी तरह से मेहनत करनी चाहिए, जैसे कि साइना नेहवाल कर रही हैं।

वैसे भी अपने देश में एक कहावत बहुत ही मशहूर है। यह उत्तर प्रदेश में भी उतनी ही लोकप्रिय है, जितनी कि हरियाणा या फिर अन्य राज्यों में। कहावत है– पढ़ोगे लिखोगे होगे नवाब, खेलोगे कूदोगे होगे खराब। लेकिन यह कहावत साइना नेहवाल के संदर्भ में कभी भी न तो कही जा सकती है और न ही सुनी ही जा सकती है।

डॉ. वी. सत्यनारायण राजू वर्ष 2005 में साइना के स्कूल के प्रिंसिपल के पद से सेवानिवृत्त हो गए। उसके बाद वे आंध्र प्रदेश के पश्चिम गोदावरी जिले के भारतीय विद्या भवन स्कूलों के एकेडेमिक को-ऑर्डिनेटर बन गए। वे हैदराबाद से चले गए और भीमावाम जिले में रहने लगे। राजू बताते हैं कि उसके बाद कई बार डॉ. हरवीर सिंह मेरे पास आए और हमेशा साइना के भविष्य के संदर्भ में मार्गदर्शन देने की बात कही। वह बहुत ही सज्जन व्यक्ति हैं और हमेशा अपनी बेटियों के भविष्य की चिंता करते रहते हैं।

प्रिंसिपल राजू ने साइना के बारे में बताया कि ज्यादातर मौकों पर साइना शांत ही रहती है। दूसरे अन्य छात्रों की तरह वह गप्पबाजी करने

या फिर ज्यादा बातचीत करने में यकीन नहीं करती। हमेशा शांत रहती थी। बिलकुल कूल-कूल। पढ़ाई-लिखाई में भी वह बहुत अच्छी थी। सच तो यह है कि बैडमिंटन में इतनी मेहनत करने के बावजूद भी वह 70-75 प्रतिशत अंक हासिल कर लेती थी। सच तो यह है कि यदि वह सिर्फ अपनी पढ़ाई पर ही ध्यान देती तो वह हर परीक्षा में 85 प्रतिशत से भी अधिक हासिल करती।

दूसरी तरफ स्कूली पढ़ाई के बारे में साइना बताती है कि मैं बहुत झेंपू टाइप की छात्रा थी। पढ़ाकू थी और पढ़ने में विश्वास भी करती थी। पर बैडमिंटन को लेकर मैं शुरू से ही कुछ ज्यादा ही गंभीर रही हूं।

हैदराबाद में साइना नेहवाल के स्कूल में प्रवेश मिल जाने के बाद डॉ. हरवीर सिंह से कुछ दोस्तों ने कहा कि उन्हें स्कूल को कोई चीज भेंट में देनी चाहिए ताकि यह याद रखा जा सके कि साइना यहां पढ़ी है। डॉ. हरवीर और उनकी पत्नी उषा रानी ने बहुत सोच-विचार करने के बाद एक हारमोनियम खरीदा, जिसकी कीमत 2700 रुपये थी और वह हारमोनियम स्कूल को दान कर दिया। जबकि हकीकत यह है कि न तो उससे पहले और न ही उसके बाद साइना नेहवाल ने कभी गाना गाया था और न ही आगे गाया।

हैदराबाद जाने के बाद भाषा सबसे बड़ी बाधा बनी। तेलुगू को लेकर उसे शुरू से बहुत परेशानी होती रही है। वह तेलुगू समझ तो लेती थी, लेकिन बोलने में उसे दिक्कत होती थी। फिर भी काम चल ही जाता था।

सन् 1998 में हरवीर सिंह ने साइना को तेलुगू सिखाने के बजाय जूडो और कराटे सिखाने के लिए टीचर रामा को रखा, जो हर महीने 100 रुपये लेता था। करीब 30 बच्चों की क्लास में साइना भी पूरे उत्साह से भाग लेती थी। ज्यादा दोस्तों के साथ रहते-रहते उसे थोड़ी-थोड़ी तेलुगू भी आने लगी थी। दिसंबर, 1998 में जूड़ो-कराटे की क्लास इस आधार पर बंद कर दी गई, क्योंकि टीचर बच्चों के हाथों के ऊपर मोटरसाइकिल का करतब दिखाना चाहता था। साइना के मम्मी-पापा ने ऐसा करने से साफ मना कर दिया और जूडो-कराटे की प्रशिक्षण बंद कर दी गई।

जूड़ो-कराटे की विदाई ने साइना को फिर से बैडमिंटन की ओर मोड़ दिया। उसके पापा ने उसे समझाया कि उसे मम्मी की तरह ही बैडमिंटन खेलना चाहिए। मां ही उसे यह खेल सिखाएगी। उषा रानी के डीएनए में

ही बैडमिंटन था, लिहाजा साइना को बैडमिंटन में रमने में न तो समय लगा और न ही उसने इस खेल के प्रति किसी तरह की अरुचि ही दिखाई। दिसंबर, 1998 से ही साइना ने पेशेवर तरीके से बैडमिंटन खेलना शुरू कर दिया। स्टेडियम जाने लगी और वहां कड़ी प्रशिक्षण भी लेने लगी। कृषि विश्वविद्यालय के खेल सचिव होने के नाते डॉ. हरवीर सिंह हैदराबाद के लाल बहादुर स्टेडियम गए और वहां उन्होंने एक टूर्नामेंट करवाने के लिए उसका कुछ हिस्सा किराये पर लिया। वह घर से 25 किलोमीटर दूर था। साइना भी वहां जाती थी। थोड़ा-बहुत खेलती थी। एक दिन उसको खेलते देख बैडमिंटन कोच पी.एस.एस नानी प्रसाद राव बहुत प्रभावित हुए। यही वे क्षण थे, जो साइना नेहवाल के टर्निंग प्वाइंट्स साबित हुए। उसके बाद नानी प्रसाद ने साइना को रैकेट का प्रयोग करना सिखाया कि विभिन्न प्रकार के शॉट्स के लिए रैकेट की ग्रिप भी बदल जाती है।

साइना बताती है कि नानी सर ने मुझे मई, 1999 में समर कैंप में आने को कहा। इससे मैं बहुत रोमांचित हुई। फिर पापा और मम्मी ने एक बैडमिंटन कोर्ट बनाया। यहीं से मेरा प्रेम इस खेल के प्रति दिन-ब-दिन बढ़ता चला गया, बिना किसी रुकावट के।

साइना बताती है कि सन् 2010 में दिल्ली में हुए राष्ट्रमंडल खेल के दौरान ही नानी प्रसाद की मृत्यु हो गई। हालांकि वह चाहते थे कि वे साइना को इस गेम्स के लिए दिल्ली जाकर कोचिंग दें, लेकिन शारीरिक कमजोरियों ने उन्हें ऐसा करने की इजाजत नहीं दी। फिर भी उन्होंने डॉ. हरवीर को अपने पास बुलाया और उन्हें साइना को देने के लिए मोती का एक सुंदर नेकेलेस दिया। आज नानी प्रसाद इस दुनिया में नहीं हैं, लेकिन वह नेकलेस आज भी साइना के पास है, जिसे उसने एक कीमती उपहार की तरह बहुत संभालकर रखा हुआ है।

पहली मई, 1999 को समर कैंप शुरू हुआ। उससे पहले साइना के परिवार ने उसे हैदराबाद के पुराने शहर में चारमीनार के पास जाकर टी-शर्ट, दो जोड़ी जूते, बैडमिंटन का एक महंगा, 1700 रुपये वाला रैकेट दिलवाया। चूंकि वह अपनी उम्र के बच्चों में सबसे लंबी थी, लिहाजा यह पक्ष भी उसके फायदे में ही रहा।

साइना बताती है कि पारिवारिक मसलों को लेकर मेरे सिर में हमेशा से ही कोई-न-कोई हलचल होती रही है। जैसे मेरी बड़ी बहन भी मेरी मां

की तरह ही है। वह जानती थी कि मेरे मम्मी-पापा मुझे ज्यादा तरजीह देते हैं। फिर भी वह कुछ नहीं बोलती थी। हालांकि सोचती बहुत थी, लेकिन उसने भी मुझे कभी मना नहीं किया। सच तो यह है कि मेरे सामने कभी भी परिवारिक समस्याएं नहीं आईं, हमेशा खुशी का माहौल दिखाने की ही कोशिश की गई। हालांकि दूसरे परिवारों की तरह मेरे घर में भी पारिवारिक कलह का दौर भी रहा, फिर भी मुझे उससे दूर रखा गया।

साइना बताती हैं कि बैडमिंटन को लेकर मैं ही नहीं, मेरा परिवार भी बहुत गंभीर था। मेरे पापा या मम्मी ने मुझे खिलौने लाकर नहीं दिए। मुझे गिफ्ट में भी रैकेट या शटल कॉक ही मिले ताकि मैं इस खेल में और भी परिपक्व हो सकूं।

आंध्र प्रदेश 'खेल प्राधिकरण' के बैडमिंटन कोच गोवर्धन रेड्डी, जो आज भी बच्चों को इस खेल के प्रति प्रोत्साहित करते रहते हैं, ने एक बार कहा कि साइना उन 120 बच्चों में थी, जिसने कैंप के लिए अपना नाम लिखवाया था। लेकिन आज जब कैंप शुरू होता है, तो कैंप में शामिल हो रहे बच्चों को सबसे पहले साइना नेहवाल के बारे में ही बताया जाता है। उसकी मेहनत के किस्से सुनाए जाते हैं। उसकी जीत के वीडियो दिखाए जाते हैं। आज हमारी आदर्श है साइना।

साइना के पहले कैंप के बारे में हरवीर सिंह बताते हैं कि कैंप के तीसरे दिन कोच नानी प्रसाद ने मुझे बुलाया और बोले– 'साइना को पांच दिन के लिए अनुपस्थित रहना होगा।' हरवीर ने इस बात को ज्यादा गंभीरता से नहीं लिया और छुट्टी लेकर पांच दिन के लिए नैनीताल चले गए। नानी प्रसाद ने हरवीर सिंह से कहा कि यदि साइना कैंप के अंतिम दिन मैच जीत लेगी, तो साइना को स्टेडियम में नियमित ट्रेनी के रूप में रख लिया जाएगा।

31 मई को साइना नेहवाल को डेक्कन क्रॉनिकल ग्रुप के मालिक की बेटी अंजना रेड्डी के खिलाफ़ मैच खेलने को कहा गया। साइना मैच हार गई। अंजना उम्र में साइना से बड़ी भी थी। जब नानी प्रसाद आये और परिणाम देखा तो आगबबूला हो गए कि इन दोनों को आपस में क्यों खिलाया गया। रिजल्ट रद्द कर दिया।

फिर खेल होते रहे। अंत में साइना को एक अन्य खिलाड़ी दिति के ख़िलाफ उतारा गया। साइना फिर हार गई। लेकिन दिति चूंकि नागपुर की

थी और नानी प्रसाद के यहां छुट्टी के दौरान आकर कैंप ज्वाइन किया था। उसे वापस नागपुर जाना था। ऐसे में वह जगह जब फिर खाली हो गई, तो साइना को उसकी जगह रखकर लाल बहादुर शास्त्री स्टेडियम में नियमित ट्रेनी बना लिया गया। वहीं से ही तो साइना के चैंपियन बनने का सफर शुरू हुआ। हालांकि साइना आज भी मानती है कि अंजना के साथ उसका मैच निरस्त करने लायक नहीं था।

# 4. परिवार का त्याग

यह बात तो हम सब जानते हैं कि साइना नेहवाल का कैरियर बनाने और उसे संवारने में उसके पिता डॉ. हरवीर सिंह, मां उषा रानी तथा बड़ी बहन अबु चंडांशु का बहुत बड़ा योगदान रहा है। इन तीनों ने साइना को बनाने के लिए बहुत सारे त्याग किए हैं। यह इन तीनों की तपस्या का ही फल है कि जो आज साइना दुनिया की नंबर-वन खिलाड़ी है। वर्ल्ड में पहली रैंकिंग पाने का सीधा अर्थ यही होता है कि वह एक असाध ारण खिलाड़ी है। उसने दुनियाभर के सर्वश्रेष्ठ प्रतिभाओं से लोहा लिया और लगातार अपने प्रतियोगियों पर दबदबा बनाया। यह लंबे समय तक कड़ी मेहनत और विशेष प्रतिभा के कारण ही हो सकता है। उसने चीन, मलयेशिया, इंग्लैंड, थाईलैंड जैसी बैडमिंटन खेलने वाले देश के चैंपियन खिलाड़ियों को शिकस्त दी। इस कारण वरीयता क्रम में चोटी पर पहुंची है।

मेहनत को लेकर साइना कभी भी पीछे नहीं रही। उसने 12 साल की उम्र में ही यह सपना देख लिया था कि चाहे जो कुछ भी हो जाए, उसे ऑल इंगलैंड खिताब जीतने वाली पहली भारतीय लड़की बनना है। इसके लिए उसे चाहे जितनी भी मेहनत करनी पड़े, वह करने को तैयार हूं। वैसे पहले वह डॉक्टर बनने के लिए भी सही बात कहती थी।

शुरुआती दिनों में साइना दो बैग लेकर चलती थी। एक में उसकी बैडमिंटन किट हुआ करती थी और दूसर में स्कूल की किताब कॉपियां। ये दो बैग उसके साथ हमेशा रहते थे, चाहे वह राष्ट्रीय टूर्नामेंट में ही भाग लेने क्यों न गई हो या फिर मुंबई, बैंगलोर या फिर विजयवाड़ा में खेल रही हो।

वैसे आज भी वह पढ़ाई को लेकर बहुत भावुक हो जाती है। कहती है कि 12वीं की परीक्षा न देना एक बड़ा खतरनाक फैसला था। बैडमिंटन

अभी भी क्रिकेट की तरह का हाई प्रोफाइल खेल नहीं है। क्रिकेट में तो आपको कैरियर बनाने और उसे संवारने के कई मौके मिल जाते हैं, लेकिन बैडमिंटन में ऐसा कतई नहीं होता है। मैंने बैडमिंटन में कैरियर बनाना था, भविष्य बनाना था, मैंने बनाया और इसके लिए मैंने अपनी पढ़ाई तक कुर्बान कर दी। आखिर इन स्थितियों में मेरे लिए करने को कोई और विकल्प नहीं था।

धीरे-धीरे साइना भी यात्रा करने में माहिर हो गई थी। यह बात है उस साल की, जब साइना ने अंडर-13 का राष्ट्रीय खिताब जीता था और अंडर-16 में वह उप विजेता थी। टूर्नामेंट पटना में हुआ। उस समय राबड़ी देवी बिहार की मुख्यमंत्री थीं। खिताब जीतने के बाद राबड़ी देवी ने साइना और उसके पिता डॉ. हरवीर सिंह को रात में डिनर पर बुलाया, जहां लालू यादव भी मौजूद थे। लालू ने दोनों को गले लगा लिया। ये वो क्षण थे, जब हरवीर अपने को किसी राजा से कम नहीं समझ रहे थे।

13 साल की उम्र में ही साइना की विदेश यात्राओं का भी सिलसिला शुरू हो गया। सबसे पहले वह डेनमार्क, जर्मनी और हॉलैंड गईं। तभी उनके कोच मोहम्मद आरिफ ने साइना से कहा कि वह अब लड़कों के साथ अभ्यास करे, क्योंकि इससे उसकी अभ्यास भी अच्छी होगी और वह और अधिक मजबूत भी बन सकेगी।

अपने परिवार और पुरानी बातों को याद करके साइना नेहवाल कभी-कभी रोने लगती है। वह बताती है कि जब मैं छोटी थी, तो मेरी बहन अबु मेरे साथ बैडमिंटन खेलना नापसंद करती थी। जब मेरे मम्मी-पापा अबु को मेरे साथ बैडमिंटन खेलने के लिए बोलते, तो वह उनसे शिकायती लहजे में बोलती, 'उसे तो यह भी पता नहीं कि कैसे खेलते हैं।' आज मुझे उन बातों पर हंसी आती है, जबकि वह इस पर झेंप जाती है। मेरे और उसके बीच सात साल का अंतर होने के बावजूद हम एक-दूसरे के बहुत क़रीब हैं। जब मैंने अपनी कोचिंग शुरू की, तो पूरा परिवार मेरे साथ कंधे-से-कंधा मिलाकर खड़ा था। पापा जब ड्यूटी से लौटकर घर आते तो अबु उनके लिए चाय बनाकर देती, क्योंकि मम्मी मुझे शाम को स्टेडियम में प्रशिक्षण के लिए लेकर चली जाती थीं। फिर पापा ही मैचो (हमारा पालतू कुत्ता) को खिलाते, घुमाते तथा फिर मुझे और मम्मी को लेने के लिए स्टेडियम आ जाते। जब तक हम घर पहुंचते, अबु खाना बनाकर तैयार रखती। इतना कुछ होने के बावजूद अबु ने कभी

इस बात की शिकायत नहीं की कि उसको इतना सारा काम करना पड़ता है या फिर उसे छोड़कर मम्मी-पापा मेरे पर ज्यादा ध्यान देते हैं।

अबु दीदी मम्मी की मदद में पूरी तरह से लगी रही। उनके साथ कदम-से-कदम मिलाकर उसने काम किया और वह भी खामोशी के साथ। इतना सबकुछ करते हुए वह साथ में पढ़ाई-लिखाई भी करती रही और फार्मेसी में ग्रेजुएशन की डिग्री प्राप्त की।

उन दिनों में हमारी जिंदगी बहुत साधारण हुआ करती थी। बाहर कुछ खाने-पीने या सिनेमा देखने के लिए न तो पैसा था और न ही समय। घर के सभी लोगों का ध्यान मेरे प्रशिक्षण पर लगा रहता था। इतना कुछ होने के बाद भी अगर किसी को कोई परेशानी होती, तो इस पर कोई गौर नहीं करता। मुझे याद है कि अबु घर के काम में इतनी व्यस्त रहती थी कि उसे मेरा खेल देखने के लिए स्टेडियम में आने का कभी मौका नहीं मिला। अपनी व्यस्तता के चलते वह मेरे साथ कभी घूमने के लिए बाहर नहीं निकल पाई। अफसोस होता है यह सब याद करके।

सन् 2007 में अबु की शादी हो गई। यह साधारण रजिस्टर्ड कोट मैरिज थी। जैसा कि सभी लड़कियों का ख्वाब होता है, उसने मम्मी-पापा को कभी इस बात पर जोर नहीं दिया कि उसकी शादी धूमधाम से होनी चाहिए। शादी के बाद अबु के दिल्ली जाने के बाद हमें उसकी बहुत याद आती। उसके दिल्ली रहने और खेल के लिए मेरे बाहर रहने के कारण कम ही ऐसा मौका होता, जब पूरा परिवार घर पर एक साथ होते। छह साल पहले यानी सन् 2009 में जब मैं एक बड़ी जीत के बाद हैदराबाद लौटी, तो अबु हवाई अड्डे पर मेरा इंतजार कर रही थी। शादी के बाद मैं उसे पहली बार देख रही थी, ऐसे में बहुत अच्छा लगा कि उसने हवाई अड्डे पर मेरी अगवानी की। उसकी गोद में नवजात बेबी तविशा थी। अब मैं मौसी बन चुकी थी और कहने की बात नहीं कि उस समय यह जश्न का मौका था। हमने इस मौके को भुनाया भी।

हम लोग साल में कम-से-कम एक बार एक साथ जरूर जुटते। खासकर जब अबु हैदराबाद में होती, तो हम लड़कियों के सैर-सपाटे का एक कार्यक्रम होता। स्पा और सैलून जाना, मूवी देखना, बाहर खाना...। अबु जब भी हैदराबाद आती, तो मैं उसका सारा बंदोबस्त करती। मुझे उसके

घर पर होने का इंतजार रहता, क्योंकि तब माहौल कभी-कभार नसीब होने वाली छुट्टी जैसा होता।

हमारे परिवार में मम्मी शुरू से महत्त्वाकांक्षी रही हैं। मम्मी घर में मुझे 'स्टेफी' के नाम से बुलातीं थीं। यह नाम दुनिया की मशहूर टेनिस खिलाड़ी स्टेफी ग्राफ के नाम पर था। हिसार में तो सब मुझे इसी नाम से पुकारते थे, चाहे वह मेरे शिक्षक हों या फिर क्लास के साथी। हालांकि साइना मेरा आधिकारिक नाम था। हैदराबाद में आने के बाद लोगों ने मुझे साइना पुकारना शुरू किया। लेकिन मम्मी के लिए मैं अब भी स्टेफी ही थी।

मम्मी बेहद मजबूत और दृढ़संकल्प वाली महिला हैं, जिनसे मैं बहुत कुछ सीखती आई हूं। वर्षों तक वह बैडमिंटन खेलती रहीं हैं और उनका नाम हिसार डिस्ट्रिक्ट बैडमिंटन एसोसिएशन में भी दर्ज है। वह क्लब टूर्नामेंट और जिला स्तर पर मैच खेलती रही हैं। उनकी जीत के बारे में हिसार से निकलने वाले कई अखबारों में समाचार भी छपे हैं। अबु के पैदा होने के बाद तक वह खेलती रहीं और मैं अगर एक खिलाड़ी बनीं तो यह शायद उन्हीं के गुणों की वजह से। हैदराबाद आने के बाद उन्होंने खेलना छोड़ दिया। इसे संयोग ही कहेंगे कि उसके ठीक बाद मैंने इस खेल को गंभीरता से लेना शुरू कर दिया। मम्मी दृढ़, सधी हुई और उदार हैं और हमने अगर उनसे कुछ लिया है, तो वह है दृढ़ता। हम चूंकि अपने परिवार में ही एक साथ घुले-मिले रहे, इसलिए हमें बाहरी दोस्तों की कमी रही।

मम्मी, अबु और मैं हमेशा एक-दूसरे के बहुत नजदीक रहे। अबु की शादी होने तक रविवार हमारा छुट्टी का खास दिन हुआ करता था। मम्मी में खाना बनाने का गजब का कौशल है, इसलिए रविवार का दिन लंच के हिसाब से हमारे लिए खास हुआ करता था।

हालांकि मैं, मम्मी और अबु दोनों से बराबर जुड़ी रही, लेकिन मुझे यह कहने में कोई हिचक नहीं कि मैं डैडी की लड़की हूं। उत्तर भारत के ग्रामीण क्षेत्रों में एक कहावत है 'पितृ मुखी-सदा सुखी' अर्थात् जिस लड़की का चेहरा उसके पिता से मिलता है; वह हमेशा सुखी रहती है, तरक्की करती है।

साइना को लगता है जो कुछ भी वह है, वह अपने पापा के कारण है। सालों तक पापा मेरे साथ कदम-से-कदम मिलाकर चलते रहे। प्रशिक्षण के दौरान मेरा ख्याल रखते रहे। शारीरिक थकान या फिर आर्थिक तंगी के

# तस्वीरों में साइना नेहवाल

साइना नेहवाल : बचपन की दो दुर्लभ तस्वीरें।

अपनी बहन, मां एवं पिता के साथ साइना।

ओलंपिक पदक के साथ।

अपनी मां ऊषा रानी के साथ पदक दिखाती हुई।

हमेशा तिरंगे की शान बढ़ाई।

कोच गोपीचंद के साथ मैच के दौरान रणनीति बनाती हुई।

आस्ट्रेलियाई ओपन चैंपियन।

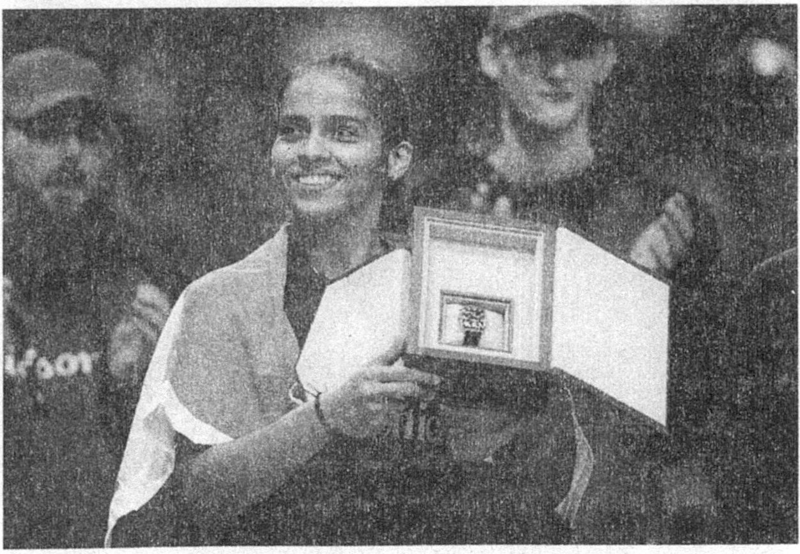

कामयाबी का प्रशस्तिपत्र।

कॉमेडी नाइट्स विद कपिल की टीम के साथ।

एक अवसर पर पार्टी में नृत्य करते हुए।

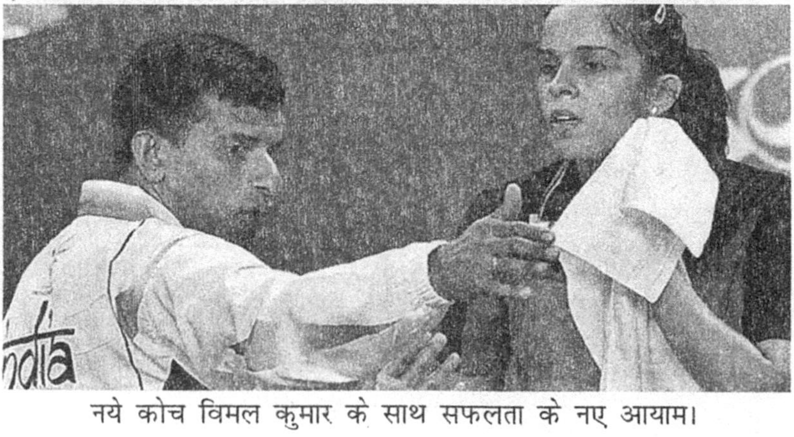

नये कोच विमल कुमार के साथ सफलता के नए आयाम।

राष्ट्रपति प्रतिभा पाटिल से अर्जुन पुरस्कार प्राप्त करते हुए।

राष्ट्रपति प्रणव मुखर्जी ओलंपिक पदक जीतने पर राष्ट्रपति भवन में सम्मान।

तिरूपति बालाजी में शीश नवाते हुए साइना।

भारतीय वायु सेना ने साइना को अपना एंबेसडर बनाया।

साइना नेहवाल ग्लैमरस अंदाज।

बारे में मैंने उनके मुंह से कभी कुछ नहीं सुना। ऐसे में अगर उनका इतना शांत और अथक सहयोग मुझे न मिला होता, तो शायद मैं इस मुकाम पर नहीं पहुंच पाई होती।

कई वर्षों तक मुझे इस बात की जानकारी नहीं थी कि मेरा रैकेट इतना महंगा आता है। रैकेटों के रखरखाव को लेकर मैं बहुत बेफिक्र थी, बड़ी आसानी से खो भी देती थी। बाद में जब पत्रकारों ने मुझसे पूछा कि किसी प्रायोजक के न होते हुए भी खेल के खर्च का कैसे प्रबंध करती हैं। तब जाकर मैंने पापा से इस बारे में पूछा। मैं उनकी यह बात सुनकर दंग रह गई कि मेरे प्रशिक्षण और किट के खर्च के लिए वह अपने प्रॉविडेंट फंड से कर्ज लेते हैं। सन् 1999 में जब मैंने खेलना शुरू किया, तब से लेकर सन् 2004 में मेरा प्रायोजक मिलने तक पापा ने मेरा सारा खर्च वहन किया। तब तक सारे बिलों का भुगतान पापा किया करते थे। उस समय रैकेट की कीमत 14 हजार रुपये हुआ करती थी, मुझे हमेशा एक साथ दो रैकेट रखने पड़ते। शटल के एक बैरल की कीमत एक हजार रुपये तक होती है और एक दिन में मुझे दो बैरल की जरूरत पड़ती। इतना कुछ होने के बाद कपड़े, जूते और इधर-उधर आने-जाने के टिकट का खर्च अलग से होता।

आने-जाने का खर्च सिर्फ मुझ तक ही सीमित नहीं था। किसी टूर्नामेंट के लिए बाहर जाने पर मम्मी भी साथ होतीं। ऐसे में होटल बिल आदि का खर्च भी बढ़ जाता। महीने में मेरा खर्च 50-60 हजार रुपये तक होता, जिसे पापा चुपके से बिना बताए चुका देते थे, किसी को कानोंकान यह भनक नहीं लगती। आप जानते हैं कि एक नौकरीपेशा अधिकारी के लिए इतना पैसा जुटाना कितना मुश्किल काम है। जबकि वर्षों तक यह निश्चित नहीं था कि मैं इस खेल में सफल हो ही पाऊंगी। मैं इस बात के लिए ईश्वर की शुक्रगुजार हूं कि मैंने टूर्नामेंट जीतना शुरू कर दिया और पापा का समर्पण व्यर्थ नहीं जाने दिया। अब तो हालात हमारे पक्ष में हैं।

मेरी प्यारी मम्मी का शुरू से यह मानना रहा है कि हम जिंदगी में जो कुछ भी पाना चाहते हैं, उसे अपनी मेहनत से पाना आसान है। जबकि पापा मानते रहे हैं कि हमें जिंदगी में हमेशा अपने हिसाब से रास्ता चुनना चाहिए। बैडमिंटन में मम्मी हमेशा इस बात की वकालत करतीं कि हमें सभी प्रकार की तकनीक सीखनी और समझनी चाहिए। जबकि पापा का

कहना था, 'हमें वैसी तकनीक पर काम करना चाहिए, जो काम आए और उसे ही सीखना भी चाहिए।' दोनों की बातों में बुनियादी फर्क सिर्फ यही था कि मम्मी का ध्यान हमेशा मेहनत पर होता, जबकि पापा कहते कि हमारा ध्यान हमेशा मेहनत पर हो न कि परिणाम पर। हालांकि दोनों की बातों का मेरे ऊपर प्रभाव है, लेकिन समय गुजरने के साथ मैं पापा के विचार से ज्यादा सहमत होती चली गई। मैं खुद पर ज्यादा सख्ती नहीं बरतती और आज भी मैं वही करती हूं जो मेरे अपने खेल के लिए सही हो।

कई वर्षों तक मम्मी मेरे साथ टूर्नामेंट के लिए जाती रहीं, मैच के दौरान अगली कतार में मेरे सामने बैठतीं और मुझे निर्देश भी देतीं। उनकी यह बहुत अच्छी आदत है कि वह सही समय पर सही बात बताती हैं, इसलिए मैच में इसका मुझे बहुत फायदा मिलता। मुझे मैच खेलते देखना पापा के लिए मुश्किल होता था। खासकर टीवी पर मुझे देखना तो उन्हें और विचलित कर देता। ऐसे में वह मेरे मैच के दौरान टहलने निकल जाते और मैच खत्म होने के बाद जब मैं उन्हें फोन करती, वे घर से बाहर ही मिलते।

मैं कोई मैच जीतूं या हारूं, पापा वह पहले व्यक्ति थे, जिन्हें मैं सबसे पहले फोन करती थी। सन् 2010 में जब मैं ऑल इंगलैंड चैंपियनशिप के लिए रवाना हो रही थी, मैंने सोचा यह कितना अच्छा होता, अगर पापा मेरे साथ होते। वह मेरे साथ गए, लेकिन उनके लिए यह अभी भी इतना आसान नहीं था कि वह मुझे मैच खेलते हुए देखें। शुरू में तो वह कोर्ट के बाहर खड़े रहते और मेरे किसी टीम साथी का इंतजार करते, जो बाहर आते वक्त उन्हें यह बताए कि मैच कैसा चल रहा है, लेकिन बाद में मैंने उन्हें दर्शक दीर्घा में बैठे हुए पाया। वहीं से ही वह मेरा प्रोत्साहन बढ़ाते और मुझे निर्देश देते। ऐसे में मैं भला अपनी हंसी कैसे रोक सकती हूं। उस दौरे के बाद पापा ने मेरे साथ बाहर जाना शुरू कर दिया। मैच के दौरान उनके रहने से मुझे बहुत संबल मिलता है। मेरा व्यवहार न तो ज्यादा दोस्ताना है और न ही मैं ज्यादा सामाजिक हूं, ऐसे में पापा के सामने रहने से मुझे बहुत मदद मिलती है। कहीं निकलने से पहले मेरा सूटकेस इधर-उधर पड़ा देख पापा गुस्सा हो जाते। मैं उन्हें अकसर समझाया करती कि निकलने से पहले मैं उसे सही ढंग से सहेज लूंगी। अब मैं देखती हूं कि उनका सूटकेस मेरे सूटकेस के साथ बाहर निकलने के इंतजार में तैयार मिलता है।

पापा ने मुझे यह भी सिखाया कि सेलिब्रिटी के तौर पर अपने को कैसे रखना है। उनकी साधारण सलाह होती, 'हमेशा विनम्र बने रहो। लोगों से अच्छी तरह बात करो।' पत्रकार जब मेरे घर इंटरव्यू के लिए आते, तो वे उनके साथ बहुत विनम्रता से पेश आते। जब भी फोन बजता तो कायदे से उसका जवाब देते, कभी भी किसी के साथ उनकी कड़वी बोली नहीं सुनी गई। सच बोलूं तो मुझे हमेशा ऐसा लगता, जैसे पत्रकारों के बीच वह मुझसे कहीं ज्यादा लोकप्रिय हैं। मैं लंबा इंटरव्यू देने से बचती और हमेशा प्रयास करती कि कम बोलने से ही काम निपट जाए। कभी-कभी तो पत्रकार मेरे पापा को घर के बाहर साउंड बाइट के लिए बुलाते और मेरे बदले उन्हीं से बात करके चले जाते। मुझे यह देखकर बहुत अच्छा लगता कि पापा मेरे बारे में मीडिया को बता रहे हैं। सभी मीडिया कवरेज पर वही ध्यान रखते हैं।

मेरे बारे में छपी खबरों की कटिंग को वह संभालकर रखते हैं और उसे बार-बार पढ़ते हैं। पापा मुझे यह याद दिलाते रहते हैं कि हम कहां-से-कहां तक आ पहुंचे हैं। अब हमारे साथ एक मैनेजर मंजुला भी हैं, जिनसे पापा मेरे शिड्यूल का तालमेल बिठाते रहते हैं। वह हमेशा यह मानते हैं कि मुझे इस बात की बिलकुल जानकारी नहीं होती कि मेरे खेल के अलावा बाहर क्या हो रहा है। पापा घंटों होमवर्क पर समय देते हैं ताकि मेरे खर्च में कोई दिक्कत न आए, मेरा शिड्यूल न गड़बड़ाए और मेरे बिल समय पर चुका दिए जाएं।

जैसा कि आप देख सकते हैं, मेरा खास नाता पापा से ही रहा है। जुलाई, 2010 में मुझे 'इंडियन काउंसिल फॉर एग्रीकल्चरल रिसर्च' (आईसीएआर) से आमंत्रण मिला, जहां पापा काम करते हैं।

मुझे आईसीएआर का ब्रांड एंबेसेडर बनाया गया और पापा इस पर बहुत गौरवांवित हुए। आईसीएआर में पापा के सहयोगी हमारे लिए बहुत मददगार हैं, लेकिन मेरे साथ कहीं बाहर आना-जाना उनके लिए मुश्किल का काम था। हमेशा से यही रहा है।

आप चौंक जाएंगे कि सबसे पहला ऑटोग्राफ मैंने अपने पापा के एक सहयोगी को दिया, तब मैं 10 साल की थी और मैंने अंडर-10 जिला स्तरीय प्रतियोगिता में जीत दर्ज की थी। इसके बाद जब मैं पापा के दफ्तर में पहुंची, तो उनके सहयोगियों ने मुझे बताया कि मैच जीतने के बारे में

उन लोगों ने अखबार में पढ़ा है। सहयोगियों ने मुझसे ऑटोग्राफ मांगा। इसके लिए मैंने पापा की ओर एक निगाह देखा, पापा ने हामी भरी, तब मैंने दस्तखत के तौर पर सबको अपना ऑटोग्राफ दिया। तब, मुझे अपना ऑटोग्राफ देने में बहुत खुशी महसूस हुई थी और यह सब कुछ मैंने अपने पापा के लिए किया था।

वैसे तो पापा के लिए मैं अभी भी बच्ची ही हूं। वह मुझे शाइनी, तापी, बच्चा के नाम से पुकारते हैं– कभी-कभी अबु के नाम से पुकारते हैं, तब मुझे उन्हें याद दिलाना पड़ता कि मैं अबु नहीं, बल्कि साइना हूं।

सिर्फ बैडमिंटन ही नहीं, साइना को दूसरे खेलों से भी प्यार है। क्रिकेट में भी वह पूरी दिलचस्पी लेती हैं, तो टेनिस देखने में भी तो उन्हें बहुत मजा आता है। आइए, अब देखते हैं उनके पसंदीदा खिलाड़ियों की लिस्ट, जो साइना नेहवाल ने खुद तैयार की है...

**रोजर फेडररः** अगर वह रॉफेल नाडाल के ख़िलाफ खेलते हैं, तो मैं अपना सारा काम छोड़कर उनका खेल देखना पसंद करती हूं। पूरे मैच के दौरान वह जिस तारतम्यता में दिखते हैं, वह इतना आसान काम नहीं।

**सचिन रमेश तेंदुलकर :** बेशक वह मैदान पर अत्यंत शांत और मंजे हुए खिलाड़ी दिखते हैं। तेंदुलकर ऐसे जीनियस खिलाड़ी हैं, जिनकी क्षमता और नियंत्रण की मैं कायल हूं। 100वां शतक बनाते हुए मैंने उन्हें टीवी पर देखा है। स्विट्जरलैंड में टीवी सेट के सामने बैठकर हम लोग उनका हौसला बढ़ा रहे थे। सचिन का उस ऐतिहासिक स्कोर तक पहुंचना हम भारतीयों के लिए गर्व की बात थी। इतनी उपलब्धियों के बावजूद वह बहुत विनम्र इंसान हैं।

**रॉफेल नाडाल :** विजेताओं की सूची में अगर फेडरर का नाम हो, तो इसमें नाडाल पीछे कैसे रह सकते हैं। कोर्ट पर उनकी आक्रामकता और सधे हुए शॉट की मैं मुरीद हूं। खेल को वह इतना दिलचस्प बना देते हैं कि नजरों को एक पल के लिए भी इधर-उधर हटाना मुश्किल-सा लगता है।

**मारिया शारापोवा :** महिला टेनिस के लिए शारापोवा ने जो कुछ किया, उसे मैं सबसे ज्यादा पसंद करती हूं। उनके कपड़े पहनने का तरीका तो और भी ज्यादा पसंद है। खेल के दौरान उनकी नजरों को इधर-उधर कोई नहीं डिगा सकता। आक्रामकता और सही वक्त पर सही शॉट ने उन्हें महान बनाया है।

**स्टेफी ग्राफ :** मेरी मम्मी की पसंदीदा खिलाड़ी हैं ग्राफ। मैं उनके खेल को देखते हुए बड़ी हुई हूं। वह गजब के जलवे वाली महिला खिलाड़ी हैं। उन्होंने कोर्ट पर सौंदर्य और विनम्रता का ऐसा तालमेल बिठाया कि सब एक दमदार खिलाड़ी और उम्दा व्यक्तित्व के रूप में उनकी प्रशंसा करते हैं।

**मैरी कॉम:** सन् 2012 ओलंपिक तक देश में कमतर आंकी जाने वाली खिलाड़ियों में एक थीं मैरी कॉम। उनकी प्रतिभा को कम समझे जाने के बावजूद वह चुपचाप कड़ी मेहनत के साथ अपना काम करती रहीं और बाद में भारत को बॉक्सिंग के क्षेत्र में गौरवान्वित किया। उनके लिए तो जितना सम्मान दें, उतना ही कम है। उनका ओलंपिक सम्मान और देर से ही सही उन्हें मिली पहचान काबिल तारीफ है।

**अभिनव बिन्द्रा:** सन् 2008 के ओलंपिक में जब वे स्वर्ण पदक भारत लेकर आए, तो पूरे देश का सिर गर्व से ऊंचा हो गया। यह कोई आसान काम नहीं था, लेकिन इसके बावजूद बिन्द्रा आज भी पहले की तरह ही सीधे-सरल हैं। इतनी तारीफों के बाद भी वह सबके लिए साधारण बने रहे। मुझे पता है कि यह कोई आसान काम नहीं है, इसलिए मेरी नजरों में उनके लिए बहुत सम्मान है।

**सेरेना विलियम्स:** आप देख सकते हैं कि मैं टेनिस खिलाड़ियों के लिए कुछ पक्षपाती हूं। खेल पर उनका गजब का नियंत्रण है। मुझे लगता है कि दुनिया के चुने हुए महान खिलाड़ियों में वह एक हैं और टेनिस की दुनिया को उनके जैसा सितारा मिलना सौभाग्य की बात है।

**माइकल शूमाकर:** क्या आपको नहीं लगता कि शूमाकर जैसे किसी व्यक्ति की अनदेखी करना मुश्किल काम है। ट्रैक पर उनकी हिम्मत और आत्मविश्वास को तो मैं देखती ही रह जाती हूं। रेसिंग के रोमांच को भी वह आनंद में बदल देते हैं।

**कपिल देव:** मैं एक सच्ची भारतीय हूं और क्रिकेट ऐसा खेल है, जिसे मैं बहुत पसंद करती हूं। कपिल देव निखंज के बारे में अगर कहूं तो वह एक हरफनमौला क्रिकेटर हैं, जिनका स्थान उनके बाद शायद कोई नहीं ले पाया।

**युवराज सिंह:** मेरी पसंद में कपिल देव के आसपास के खिलाड़ी हैं युवराज सिंह। खेल का मैदान हो या इससे बाहर, उनमें गजब की क्षमता है। मैं उनकी योग्यता और प्रतिभा का सम्मान करती हूं।

**विश्वनाथन आनंद :** उनका तो पूरा दिमाग ही कंप्यूटर है। अब चूंकि मैंने भी अपनी मानसिक मजबूती पर ज्यादा ध्यान देना शुरू किया है, इसलिए उनके लिए और भी सम्मान बढ़ गया है। चेसबोर्ड के सामने घंटों बैठना और वह भी तब, जब तय न हो कि खेल में क्या होगा, कोई आसान काम नहीं है। इतने कुछ के बावजूद आनंद का खेल जीतते रहना महान काम है। आनंद बहुत ही लाजवाब खिलाड़ी हैं।

बहरहाल, यह साइना के प्यारे परिवार की मेहनत का ही नतीजा है कि वह आज इस मुकाम पर है, जहां वह इतनी आसानी से न पहुंचती, जितनी आसानी से वह पहुंची है। नंबर-वन बनना तो ठीक है, लेकिन दुनिया में नंबर-वन पर बने रहना बहुत मुश्किल है, बहुत ही मुश्किल।

# 5. ...बैडमिंटन में खो गई

जहां तक साइना नेहवाल की शारीरिक क्षमताओं एवं उसकी ताकत का सवाल है, तो यह बात भी हमें समझ लेनी चाहिए कि हरियाणवी खान-पान ने साइना को शुरू से ही बहुत मजबूत बना दिया था। दूध, घी और फलों के चलते वह बचपन से ही बहुत शक्तिशाली रही है। साइना को मजबूत बनाने में मां के दूध का भी कमाल रहा है। उषा रानी साइना को करीब साढ़े चार साल की उम्र तक अपना दूध पिलाती रही हैं। हरवीर उन दिनों को याद करते हुए बताते हैं कि न तो बेटी को दूध पीने में किसी भी तरह की तकलीफ़ होती थी और न ही मां को दूध पिलाने में कोई दिक्कत होती थी। दोनों में आपस में बड़ा जबरदस्त लगाव है और यह लगाव अभी भी देखा जा सकता है। मां का प्यार ही तो आज बेटी की सबसे बड़ी ताकत बना है। यह मां के प्यार का ही तो सुपरिणाम है कि आज साइना विश्व विजेता है। उनकी प्रशिक्षण का ही यह प्रतिफल है कि साइना आज इस मुकाम पर है। साइना के अंदर चैंपियन बनने की ललक, अभिलाषा, नियंत्रण, अनुशासन और जो प्रतिबद्धता दिखती है, उसकी वजह सिर्फ-और-सिर्फ उषा रानी ही हैं।

साइना ने तीन साल की उम्र में बाल भवन में प्ले स्कूल में प्रवेश किया था। जब हरवीर लंच के लिए घर आते थे, तो साइना को स्कूल से लेकर आते थे। एक दिन हरवीर मीटिंग में फंस गए और दोपहर तीन बजे सीधे घर पहुंच गए। जब साइना नहीं दिखी, तो वे तुरंत स्कूल गए। वहां जाकर देखा कि साइना स्कूल के क्लास रूम की बेंच पर पड़ी सो रही है। उस दिन के बाद से साइना हमेशा दोपहर में घंटे-दो घंटे सोती है। इसका फायदा उसे शाम के सत्र में मिलता है। कोर्ट में खेल के समय उसे तरोताजा रहने में मदद मिलती है। यह आदत तब से लेकर आज तक बरकरार है।

एक आम मध्यवर्गीय परिवार की तरह हरवीर ने भी उन्हीं दिनों एक स्कूटर खरीद लिया। नंबर था एचआरएफ-5859, जब वह हरियाणा से हैदराबाद गए तो नंबर बदलकर हो गया एपी 13पी-9436। वह स्कूटर हरवीर को बहुत प्रिय था। बाद में उन्होंने अपना यह 1978 वाला स्कूटर अपने टेक्नीशियन शौकत अली को दे दिया। वह बताते हैं कि सन् 1999 में एक साल में कुल 11 हजार किलोमीटर चला था। यह वह वर्ष था, जब साइना ने गंभीरता से बैडमिंटन के क्षेत्र में कदम रखा था। उस साल वह सुबह-शाम घर से स्टेडियम भी तो जाया करती थी। हरवीर कहते भी हैं कि उसी भाग्यशाली स्कूटर ने ही तो साइना का कैरियर बनाया था; सजाया था, संवारा था।

साइना मूलत: एथलीट थी। उसको साइकिलिंग और स्वीमिंग में भी बहुत रुचि थी। उसने 50 मीटर, 100 मीटर और फ्रॉग रेस में कई इनाम जीते थे। सन् 1995 में साइना के हाथ में दरवाजा बंद करने से चोट लग गई थी। बायें हाथ की एक उंगली दरवाजों के बीच दब जाने की वजह से टूट गई थी। मां उसे तुरंत ऑटो में लेकर अस्पताल भी गई थी, लेकिन वह हाथ पूरी तरह से ठीक नहीं हो पाया। साइना के बायें हाथ में आज भी कसक है।

साइना जब दो साल की थी, तब अचानक बहुत बीमार हो गई थी। पूरी रात उसके माता-पिता अस्पताल में रहे, लेकिन डॉक्टरों की समझ में नहीं आ रहा था कि आखिर बीमारी क्या है? बाद में पता चला कि उसे यूटीआई (यूरेनरी ट्रैक्ट इंफेक्शन) हो गया था। तब साइना का परिवार कई दिनों तक बहुत परेशान रहा था, जब तक साइना पूरी तरह से ठीक और स्वस्थ नहीं हो पाई।

अगस्त, 1997 में मशहूर वैज्ञानिक डॉक्टर एस.डी. चटर्जी ने हरवीर सिंह का परिचय हिसार के बाहर की दुनिया से करवाया। वह हैदराबाद जाने को लेकर थोड़ी कशमकश में थे, लेकिन उनके दोस्तों ने उन्हें हैदराबाद जाने की सलाह दी। दोस्तों ने राय दी कि हैदराबाद में उनका प्रोफाइल बेहतर होगा। उनकी तरक्की होगी और एक छोटे से शहर की तुलना में महानगर उनके बच्चों का कैरियर अच्छा बन सकता था। हालांकि हरवीर का परिवार हरियाणा का रहने वाला है, इसलिए उन्होंने भी गुड़गांव के पालम विहार में अपना मकान बना रखा है, जहां साइना के मामा अपने परिवार

के साथ रहते हैं। सन् 2010 में साइना को उस वक्त हरियाणवी पहचान मिली, जब हरियाणा के तत्कालीन मुख्यमंत्री भूपेंद्र सिंह हुड्डा ने साइना को राज्य पुलिस सेवा में डिप्टी सुपरिटेंडेंट ऑफ पुलिस बना दिया। तब साइना के डीएसपी बनने का बहुत मजाक भी बना था, क्योंकि वह पुलिस वाली लगती ही नहीं थी। उसके प्रशंसक तो उसे पहले से ही डीएसपी मानते थे। डी-डार्लिंग, एस-सिंपल, पी-पोलाइट। यानी प्यारी, सीधी-सादी और मृदुभाषी साइना। इतना सब होने के बावजूद भी यह परिवार हिसार का नहीं, वरन् हैदराबाद का ही होकर रह गया।

साइना बताती हैं कि उसने सन् 1999 में नौ साल की उम्र में जिला स्तरीय अंडर-10 टूर्नामेंट में बैडमिंटन खेलना शुरू कर दिया था। वहीं से ही उसकी सफलता का ग्राफ निश्चित रूप से बढ़ता चला गया था। उसके जीतने पर उसके टीचर और मम्मी-पापा बहुत खुश होते थे और सब-के-सब मेरे प्रति थोड़ी नरमी बरतते थे।

वह कहती है कि सुबह के समय मैं ज्यादातर विलंब से ही स्कूल पहुंचती थी और प्रशिक्षण के लिए दोपहर ढाई बजे स्कूल से निकल जाती थी। स्कूल से जल्दी निकलने के कारण क्लासमेट मुझसे ईर्ष्या भी करते थे। लेकिन उनमें से किसी को भी मालूम नहीं होता था कि स्कूल छोड़ने के बाद मेरा दिन कैसा गुजरता था। प्रशिक्षण के बाद जब पापा मुझे लेने आते थे, तब मैं इतनी थकी होती थी कि उनके स्कूटर पर या फिर ऑटो में ही सो जाती थी। मैं खूब खेलने लगी। तब न तो पापा ने और न ही मम्मी ने ही कभी कहा कि जितना खेलती हो, उतना पढ़ा भी करो। वैसे भी ऐसा करना संभव भी नहीं था।

जिला स्तरीय प्रतियोगिताएं जीतने के बाद मैं 12 और 14 वर्ष से कम उम्र की राज्य स्तरीय प्रतियोगिताओं में हिस्सा लेने लगी। ज्यादातर मौकों पर मैं जीत हासिल कर लेती थी, लेकिन कभी-कभार मैच हार जाती थी, तब बहुत बुरा लगता था। जब मैं मैच हार जाती थी तो मम्मी बहुत परेशान हो जाती थीं। वह मुझ पर बहुत गुस्सा करतीं, उनकी नाराजगी से मैं बहुत डर जाती। मैं चाहती थी कि वह मुझे जीतते हुए देखें। निःसंदेह, जीतने की चाहत तो होती थी, लेकिन हार भी तो खेल का ही हिस्सा है। ऐसा बार-बार न हो, तो कभी-कभार हारने में भी कोई बुराई नहीं है और खेल में तो ऐसा होता ही रहता है।

अपने गुस्से के बावजूद वह मम्मी ही थीं, जिन्होंने मुझे एक चैंपियन की तरह सोचने के लिए तैयार किया। मुझे याद है कि एक बार मैंने मम्मी से पूछा कि विश्व नंबर-वन खिलाड़ी और मुझमें क्या अंतर है? तो वह मेरे इस सवाल पर बिलकुल नहीं हंसी, बल्कि मेरी आंखों में झांककर बोलीं कि दुनिया के अच्छे-से-अच्छे खिलाड़ी तुझसे अच्छे कैसे हो सकते हैं? इस घटना ने मुझे बड़े सपने देखने को प्रोत्साहित किया और मैं ऐसा करने भी लगी। इतना तो मुझे पता था कि शिखर पर पहुंचने के लिए आगे मुझे बहुत मेहनत करनी है। शुक्र है मम्मी का कि उन्होंने मुझे रास्ता दिखा दिया और थोड़े-बहुत आत्मविश्वास के साथ मैं उस रास्ते पर चल निकली और आज मैं क्या हूं, आप देख ही रहे हैं।

स्पष्ट तौर पर कहें, तो बहुत जल्दी ही मैं बैडमिंटन में खो गई। लोग प्रायः मुझसे पूछते हैं कि जब बड़ी हो रही थी, तो क्या मैं एक 'आम' बच्चे की तरह ही थी। इस सवाल का जवाब मैं नहीं जानती हूं। मेरे लिए तो बैडमिंटन खेलना आम बात थी। मैंने खेला, प्रशिक्षण लिया, प्रतियोगिताएं जीतीं और इस दौरान मैं स्कूल भी गई। स्कूल की हर परीक्षा में प्रथम श्रेणी से पास हुई। पढ़ाई और खेल के बीच किसी और बात के बारे में सोचने का इतना समय कहां था? सच तो यह है कि मैंने स्कूल में बहुत कम समय बिताया और ऐसे में दोस्त बनांने का समय मुश्किल से ही मिल पाता था। जिन बच्चों से मैं रोज मिलती थी, उन्हीं के साथ प्रशिक्षण लेती, उन्हीं के साथ खेलती भी और उनके ख़िलाफ भी। एक तरह से तो हम लोग दोस्त थे, लेकिन कोर्ट में एक-दूसरे के प्रतिद्वंद्वी बन जाते थे। मैं सप्ताह के अंत में न तो किसी के जन्मदिन की पार्टी में शरीक होती थी और न ही स्कूल खत्म होने पर दोस्तों के साथ इधर-उधर की बातें करती थी। इतना ही नहीं, सालाना पारिवारिक छुट्टियों में भी कहीं नहीं जाती थी। क्या उस समय यह सब करने का मन करता था? क्या अब ऐसा करती हूं? मैं पूरी ईमानदारी से जवाब देती हूं कि बिलकुल नहीं।

कक्षा सात में पहुंचने तक राज्य स्तरीय और राष्ट्रीय स्तर की प्रतियोगिता मेरे लिए पुरानी बातें हो गई थीं और मैं अंतर्राष्ट्रीय प्रतियोगिता में खेलने की शुरुआत भी कर चुकी थी। कक्षा आठ और दस के दौरान स्कूल में मेरी उपस्थिति में जबरदस्त गिरावट आई, क्योंकि मैं प्रतियोगिताएं खेलने के लिए प्रायः हैदराबाद से बाहर ही रहती थी। उदाहरण के तौर

पर, यदि मैं विदेश में 15 और देश में पांच प्रतियोगिताएं खेलती थी, तो मैं कुल मिलाकर 40 सप्ताह तक स्कूल नहीं जा पाती। हर प्रतियोगिता में मेरे कम-से-कम दो सप्ताह तो जाते ही थे, जबकि प्रशिक्षण के लिए जो समय चाहिए था, वह अलग। उन तीन वर्षों में ऐसे ही चलता रहा। मैं अपने स्कूल के प्रधानाचार्य और शिक्षकों की शुक्रगुजार हूं कि मैं स्कूल में रह पाई। मैं अपने आपको बहुत भाग्यशाली समझती हूं कि मुझे ऐसे उदार और सहयोग देने वाले शिक्षक मिले। मेरी अनुपस्थिति से उनको कभी शिकायत नहीं होती और वे खुशी-खुशी मुझे छूटे हुए अध्याय को पढ़ने में मदद करते। मुझे याद है, रानी मेम मुझे घर आकर गणित पढ़ाती थीं और मेरे पीटी टीचर मुरलीकृष्णा सर हमेशा मुझे 'जाओ साइना, पदक लेकर आना' कहकर बढ़ावा देते थे। उनका यही प्यार मुझे आज इन बुलंदियों तक लेकर आया है।

मेरा स्कूल देश भर में फैले बीवीबी स्कूलों की शाखाओं में एक है। इन सभी स्कूलों का एक वार्षिक आयोजन होता है, जिसका नाम है के.एम. मुंशी मेमोरियल बैडमिंटन टूर्नामेंट। वर्ष 2001 में मैंने इस टूर्नामेंट में खेला और राष्ट्रीय स्तर पर जीत हासिल की। इस टूर्नामेंट के इतिहास में यह पहली बार हुआ था कि मेरा स्कूल मैच जीता। मुझे इस बात की बहुत खुशी थी कि मैं उनके लिए खेली और मैं जीत हासिल कर सकी। मुझे पद्मश्री पुरस्कार मिलने के बाद मेरे स्कूल ने एक भवन को मेरा नाम देकर मेरी उपलब्धि को स्वीकार किया। दुर्भाग्यवश मैं उस समय मौजूद नहीं थी और मेरी जगह पर पापा उद्घाटन करने गए। सोचती हूं कि वह क्षण कितना मन को छू लेने वाला रहा होगा। यह सब याद कर मैं आज भी भावुक हो जाती हूं।

जब दसवीं कक्षा की सीबीएसई बोर्ड परीक्षा का समय आया, तो उस समय भी मैं जूनियर जर्मन और डच ओपन खेलने के लिए विदेश में थी। मैं परीक्षा से लगभग 25 दिन पहले लौटी। मुझे इतने कम समय में बहुत कुछ पढ़ना था। मुझे लगता है कि उन 25 दिनों में मैं साल भर का हिस्सा याद कर गई। सामाजिक विज्ञान की परीक्षा का दिन था और मैं बुरी तरह से भयभीत थी। सुबह का वह लम्हा मुझे अब भी याद है। मैं बहुत घबरा गई थी और उल्टी करने लगी। यह किसी मैच से पहले के होने वाले डर से कहीं ज्यादा खराब था। मम्मी-पापा चिंतित थे, इसलिए मुझे मदद करने

के लिए मेरे साथ बैठ गए, जितना हो सका उन लोगों ने मेरी मदद की। मैं बहुत घबराते हुए परीक्षा देने गई, लेकिन जब वापस आई तो बाहर पापा मेरा इंतजार कर रहे थे। उन्होंने प्रश्नपत्र पढ़े और अलग-अलग प्रश्नों के जवाब पूछे, फिर सिर हिलाया और बोले, 'तुम पक्का फेल हो जाओगी।' जब परिणाम आया तो पता लगा कि उस विषय में मुझे 75 प्रतिशत अंक मिले हैं, जो कि सभी विषयों में सबसे अधिक नंबर थे। मुझे विज्ञान में 70 प्रतिशत मार्क्स प्राप्त हुए और कुल मिलाकर 65 प्रतिशत मार्क्स मिले। मैंने दसवीं की परीक्षा पास कर ली थी, यह मेरे लिए बड़ी राहत की बात थी।

मैं तो अब भी यही समझती हूं कि ज्यादातर बच्चे 15 वर्ष की उम्र के आसपास ही यह तय कर लेते हैं कि उन्हें क्या करना है, तब मैं भी 15 वर्ष की ही थी। तब तक मेरे सामने भी यह साफ हो गया था कि मुझे क्या करना है, यानी एक पेशेवर बैडमिंटन खिलाड़ी बनना है। जब मैंने पापा को यह बात बताई तो वह पूरी तरह से इस बात से सहमत नहीं हुए थे, जबकि मैं टूर्नामेंट जीत रही थी और कई बड़े खिलाड़ियों को हरा रही थी। लेकिन मुझे लगता है कि हम दोनों समझ गए थे कि डॉक्टर बनने की जो असली योजना थी, उससे मैं बहुत दूर निकल गई हूं। इसी बीच सेंट ऐंस स्कूल में कक्षा 11 और 12 में मेरा दाखिल हो गया। यहां मुझे रसायन विज्ञान, अर्थशास्त्र और नागरिक शास्त्र पढ़ना था।

इस बार स्कूल जाना मेरे लिए और भी कठिन हो गया। अभ्यास सत्र में मुझे ज्यादा-से-ज्यादा मेहनत करनी पड़ती थी। दो साल पूरे होने से पहले पापा भी इस बात से सहमत हो गए थे कि अब बैडमिंटन ही मेरा भविष्य है और मुझे इसी तरफ ध्यान देना है।

वर्ष 2006 में, मुझे फिलीपींस ओपन के लिए जाना था और उसी समय 12वीं की परीक्षा भी होनी थी। परीक्षा और टूर्नामेंट में से मैंने टूर्नामेंट को चुना। मुझे याद है कि उस समय समाचार-पत्रों में छपा कि 'पहली बार भारत के लिए फोर स्टार टूर्नामेंट में जीत हासिल करने के लिए साइना ने परीक्षा छोड़ी।' एक बार फिर मेरा स्कूल बहुत मददगार रहा। जब मैं वापस आई, तो मुझे एक सभा को संबोधित करने के लिए कहा गया। दो साल बाद यानी सन् 2008 में खेल दिवस के अवसर पर मुझे उस कार्यक्रम के मुख्य अतिथि के रूप में आमंत्रित किया गया। मैं मंच पर बैठी थी और डीन मेरा परिचय दे रहे थे। जब उन्होंने मुझे 'मैडम' कहकर संबोधित

किया, तो आप कल्पना कर सकते हैं कि मुझे कितने जोर का झटका लगा होगा। मेरी स्थिति तो कुर्सी से गिरने जैसी हो गई थी। ग्यारहवीं कक्षा के बाद मैं स्कूल जाना बंद कर चुकी थी। मेरी आगे की पढ़ाई बड़े अटपटे ढंग से रुक गई, लेकिन इस बारे सोचने का इतना समय कहां था? अपना रास्ता बदलने की बात मैं खुद से पूछती हुई अपने चुने रास्ते से बहुत आगे निकल गई थी। मैं ईमानदारी से यह कहना चाहती हूं कि मैं पीछे मुड़कर देखती हूं, तो मुझे कोई भी पछतावा नहीं होता है।

जून, 1999 में, मैंने पहला जिला स्तरीय अंडर-10 मैच तिरुपति में खेला। तब मुझे बैडमिंटन खेलते हुए सिर्फ दो महीने ही हुए थे। इस मैच में मैंने गोदावरी जिले की खिलाड़ी आईआरडी शीरवानी को सीधे सेटों में हराया था। मैच खत्म होने के बाद पापा मुझे प्रसिद्ध तिरुपति बालाजी मंदिर ले गए। मेरे कैरियर में इतनी जल्दी पहली जीत के लिए हम लोगों ने भगवान का शुक्रिया अदा किया। हालांकि मैं बहुत ज्यादा धार्मिक नहीं हूं, लेकिन मेरा मानना है कि मेरे ऊपर भगवान का आशीर्वाद बना रहता है।

वर्ष 2002 मेरे लिए बड़ा शानदार रहा। उसी वर्ष जुलाई के महीने में हैदराबाद जिला बैडमिंटन चैंपियनशिप का आयोजन हुआ। इसके छह वर्गों में मैंने हिस्सा लिया। ये वर्ग थे अंडर-13, अंडर-16 और अंडर-19 के एकल और युगल। इन मैचों में भी मेरी जीत हुई। इसके बाद राष्ट्रीय स्तर पर सीनियर महिला वर्ग के साथ-साथ इन सभी वर्गों में कुल 36 मैच मैंने खेले। इनमें मैंने 28 स्वर्ण और पांच रजत पदक जीते। तब मेरी उम्र सिर्फ 12 साल की थी और खेलते हुए यह तीसरा साल था।

अगले साल राष्ट्रीय स्तर पर अंडर-16 और अंडर-19 के एकल और युगल दोनों वर्गों में 18 मैच खेले। मैंने 16 मैच जीते और दो मैचों में दूसरे स्थान पर रही। साल 2003 में 'चेक जूनियर ओपन' के साथ अंतर्राष्ट्रीय अखाड़े में मेरा पदार्पण हुआ। साल 2004 में अंतर्राष्ट्रीय मैच खेलने में मैं ज्यादा व्यस्त रही, जिससे देश में खेलने का समय कम मिला। मैंने किसी तरह अंडर-19 की जूनियर राष्ट्रीय चैंपियनशिप में भाग लिया और एकल तथा युगल दोनों वर्गों में विजेता भी बनी। सन् 2005 में अंडर-16, अंडर-19, सीनियर राष्ट्रीय और इंडिया अंतर्राष्ट्रीय सेटेलाइट टूर्नामेंटों में सर प्रकाश पादुकोण के रिकॉर्डों के करीब पहुंची। तीन वर्गों के मैच तो जीत गई, लेकिन सीनियर वर्ग में दूसरे स्थान पर रही।

# 6. मैच खेलने से पहले

यह बात सब जानते हैं कि भारत का सबसे लोकप्रिय खेल क्रिकेट है। क्रिकेट के लिए पूरे देश के घर-घर में दीवानगी है, लेकिन एक खास बात इस खेल के साथ जुड़ी रही है कि इस खेल के बड़े खिलाड़ी घरेलू क्रिकेट में कम ही हाथ आजमाते हैं। यही बात पूर्व काल में भी लागू रही है। वे चाहे सचिन तेंदुलकर रहे हों, राहुल द्रविड़ या फिर सौरव गांगुली– ये सब जब अपने शिखर पर हुआ करते थे, तब इन्होंने घरेलू क्रिकेट में उतनी शिरकत नहीं की, जितनी की उन्हें करनी चाहिए थी। हां, जब वीरेंद्र सहवाग, गौतम गंभीर और युवराज सिंह जैसे खिलाड़ी टीम इंडिया से बाहर कर दिए गए, तब वे घरेलू क्रिकेट में हर मैच खेलते हुए नजर आते हैं। वजह है चयन का आधार, यही घरेलू क्रिकेट की होती है। बहरहाल, यही मामला अब बैडमिंटन में रंग दिखाने लगा है। बैडमिंटन के बड़े खिलाड़ी घरेलू प्रतियोगिताओं में इसलिए नहीं खेलते हैं, क्योंकि उन्हें इन प्रतियोगिताओं में उनके स्तर के खिलाड़ी नहीं मिल पाते हैं, जिनके साथ खेलकर उन्हें अच्छा अभ्यास मिल सके। एक हकीकत और है इस मसले की, वह यह है कि यदि बड़े और नामी खिलाड़ी छोटे खिलाड़ियों का हौसला बढ़ाने के लिए उनके साथ नहीं खेलेंगे, तो उन्हें बड़ा खिलाड़ी बनने के बारे में बताएगा कौन? वे क्या करते हैं, क्या खाते हैं, कैसे खेलते हैं– ये सब बातें यदि बड़े-बड़े खिलाड़ी उन्हें बताएंगे, तभी तो उनके ज्ञान चक्षु खुलेंगे और इससे उन्हें आगे बढ़ने में भी मदद मिलेगी।

हालांकि इस देश में बैडमिंटन की कई अकादमी चल रही हैं, जहां से नए बच्चे तैयार होकर बाहर निकल भी रहे हैं। साइना नेहवाल का समर्पण भाव और चुनौतियां बच्चों को जाननी भी चाहिए।

नए ट्रेनी बच्चों के बारे में इस देश की मशहूर युगल खिलाड़ी ज्वाला गट्टा बताती हैं कि आज के जमाने के नये बच्चे खेलने में कम, परिणाम में ज्यादा यकीन रखते हैं। वे कम खेलकर ज्यादा बड़ा पुरस्कार जीतना चाहते हैं। बस, मैं उन्हें यही समझाती हूं कि धैर्य रखो और शांत मन से खेल सीखते हुए खेलो। खूब मेहनत करो, क्योंकि यह बात साफ समझ लो कि सफलता पाने का कोई शॉर्टकट न था और न है।

एक सच यह भी है कि बड़े खिलाड़ी अपनी रैंकिंग को लेकर बहुत सतर्क रहते हैं और वे ज्यादातर अंतर्राष्ट्रीय प्रतियोगिताओं में ही खेलते हैं, जिनसे उनकी रैंकिंग का स्तर बढ़ता-घटता रहता है। साइना नेहवाल कई वर्षों से घरेलू प्रतियोगिताओं में नहीं खेली है, जिसका फायदा उसे मिला है, तभी तो वह वर्ल्ड रैंकिंग में नंबर-वन खिलाड़ी बनने में भी सफल हो सकी है।

इस संदर्भ में सन् 2011 में बैडमिंटन के सरताज रहे प्रकाश पादुकोण ने बैडमिंटन एसोसिएशन ऑफ इंडिया के अध्यक्ष अखिलेश दासगुप्ता को एक पत्र भी लिखा था, जिसमें उन्होंने साफ और स्पष्ट तौर पर कहा था कि देश के लगभग सभी प्रमुख खिलाड़ी वर्षों से घरेलू सर्किट में नहीं खेल रहे हैं, जिसका नुकसान यह हो रहा है कि जो पार्टियां इस खेल और खिलाड़ियों को प्रोत्साहित करने के लिए प्रायोजित करती थीं, उन्होंने ऐसा करने से साफ इनकार कर दिया है।

हालांकि प्रकाश पादुकोण ने जो बातें पत्र में लिखी हैं, वैसी बातें वर्षों पहले भी होती थीं, इसकी वजह है घरेलू सर्किट में पुरस्कार राशि का कम होना। यदि घरेलू सर्किट में लाखों रुपये के पुरस्कार दिए जाने लगें, तो फिर देखिए कैसे बहारें आती हैं घरेलू प्रतियोगिताओं में। तब अधिकांश स्टार खेलने के लिए उपलब्ध होंगे।

यह तो थी बहस करने वाली बातें। आइए फिर वापस चलते हैं साइना नेहवाल के पास, जिनसे पूछते हैं कि वह मैच खेलने से पहले क्या-क्या और कैसी-कैसी तैयारियां करती हैं। वह खुद बताती हैं...

'मैच से पहले का समय बहुत ही डरावना होता है। मैं कुछ सप्ताह पहले से ही इसकी तैयारी में जुट जाती हूं और मैच से पहले की रात तो हमेशा ही महत्त्वपूर्ण होती है। मैच शुरू होने के एक घंटा पहले से ही मैं शरीर को गर्माहट देने लगती हूं। मैं विजुअल व्यायाम खूब

करती हूं, जिसमें यह योजना बनाती हूं कि कोर्ट में जाकर कैसे खेलना है, पहले की गई गलतियों को दुरुस्त करती हूं और इसी तरह की अन्य तमाम बातों पर ध्यान देती हूं। इन व्यायामों को करने के बाद मुझे पता चला कि विरोधी खिलाड़ियों की क्षमता से पैदा हुए किसी भी तरह के डर का सामना करने में समर्थ हो जाती हूं। मुझे बस विश्वास होना चाहिए कि मैं जीत सकती हूं, इससे कोई फर्क नहीं पड़ता है कि सामने कौन खिलाड़ी है। इसके लिए विजुअल व्यायाम बहुत फायदेमंद होता है। इस संदर्भ में तो मेरी सलाह है कि आप लोग भी इसे अपनी परीक्षा या मैच या किसी अन्य किसी प्रदर्शन के पहले कर सकते हैं। लेकिन यह सब किसी के मार्गदर्शन में करने से अच्छा होता है। मैंने गोपी सर के मार्गदर्शन में अलग-अलग तरह के विजुअल व्यायाम किए, जिनका हम लोगों के प्रदर्शन पर अच्छा प्रभाव रहा।'

'कोर्ट में जाने से पहले मुझे बहुत ज्यादा तनाव होता है। मेरा दिल जोर से धड़कने लगता है और मेरे हाथ थरथराने लगते हैं। यही वह पल है, जिससे मुझे सदा के लिए प्यार है। अपने नाम की पुकार सुनने तक मुझे इंतजार करना होता है और फिर उसके बाद मैं कोर्ट में जाती हूं। हमेशा की तरह 'साइना नेहवाल फ्रॉम इंडिया' पुकारा जाता है। इतने वर्षों के बाद भी इसे सुनते-सुनते मैं थकी नहीं हूं। मैं भारत की साइना नेहवाल हूं और इस महान देश की खिलाड़ी होना मुझे परिभाषित करता है कि मैं कौन हूं। मैं अपने माता-पिता, अपने कोच और अपने देश के लिए खेलती हूं। मुझे लगता है कि देशभक्ति की भावना बहुत हद तक मैं कौन हूं जैसे प्यारे एवं पवित्र एहसास का हिस्सा है। मुझे यकीन है कि हर खिलाड़ी, जो भारत के लिए खेलता है, मेरी बात से सहमत होगा। मैं जब खेलती हूं तो मेरी टी-शर्ट पर भारतीय तिरंगा बना होता है, उस समय यह कभी नहीं भूलती हूं कि मैं अपने देश के लिए खेल रही हूं। जब मैं टीम के साथ किसी टूर्नामेंट पर जाती हूं या राष्ट्रमंडल या ओलंपिक जैसे आयोजन में एक साथ होती हूं, तो हम लोगों में दोस्ती का भाव होता है। मैं गर्व के साथ कह सकती हूं कि उस वक्त हम सब गरीबी, अमीरी, जात-पात का भेदभाव भूल जाते हैं और ये सभी सीमाएं गायब हो जाती हैं और हम लोग खेलने के लिए एक साथ होते हैं।

भारत के लिए खेलने वाले अधिकतर बैडमिंटन खिलाड़ी गोपीचंद अकादमी में थोड़े बहुत समय के लिए जरूर प्रशिक्षित होते हैं। भारतीय टीम के लिए खिलाड़ियों का चयन दो बातों पर निर्भर करता है– एकल खिलाड़ी के लिए वर्तमान राष्ट्रीय चैंपियन, दूसरे और तीसरे स्थान पर रहने वाले खिलाड़ी और ऐसे खिलाड़ी जिनका अंतर्राष्ट्रीय रैंक अच्छा हो। इस तरह से पुरुष और महिला एकल, युगल और मिश्रित युगल वर्गों में तीन-तीन खिलाड़ी होते हैं। करीब 15 राष्ट्रीय खिलाड़ियों का चयन किया जाता है, जिन्हें राष्ट्रीय कोच की देखरेख में कैंप में भी शामिल होना होता है। कोच दल में राष्ट्रीय कोच, उनकी सहायता के लिए एक-दो अंतर्राष्ट्रीय कोच, एक युगल कोच और एक महिला कोच शामिल होते हैं। हमारे फिजियोथेरेपिस्ट होते हैं, जिन्हें हमारी चोट, जख्म आदि के अलावा फिटनेस का ध्यान रखना होता है। सन् 2003 में जब मैं सीनियर राष्ट्रीय की नंबर-तीन खिलाड़ी थी, तब मुझे राष्ट्रीय टीम में जगह मिली। तब से मैं इस टीम का हिस्सा हूं, इसकी एक ही वजह है कि मुझे राष्ट्रीय स्तर पर जीत मिलती रही या अंतर्राष्ट्रीय स्तर पर टॉप की खिलाड़ी बनी रही। यहां पर मैं एक बात जरूर आप से कहना चाहूंगी कि महिला एकल खिलाड़ी के रूप में लगातार नौ वर्षों तक राष्ट्रीय टीम का हिस्सा बने रहना आज तक एक रिकॉर्ड है और मुझे इस पर गर्व है।

हम लोग किसी भी बैडमिंटन टूर्नामेंट में दो तरह के मैच खेलते हैं– एकल इवेंट और युगल इवेंट। यह हम लोगों के ऊपर निर्भर करता है कि कौन-सा मैच खेलना है। मैं केवल एकल इवेंट में हिस्सा लेती हूं। हालांकि मैंने युगल इवेंट में भी अपनी किस्मत आजमाई है, लेकिन मुझे ऐसा लगा कि मैं अन्य खिलाड़ी के साथ जोड़ी बनाकर नहीं खेल सकती हूं। दूसरे खिलाड़ियों के कहने पर सन् 2004 में सिंगापुर के दौरे पर मैंने मिश्रित युगल में खेलने की कोशिश की थी। हम लोग क्वार्टर-फाइनल में पहुंच तो गए, लेकिन इसमें मुझे मजा नहीं आया। कुछ समय के लिए मैंने कनाडा की एना राइस के साथ भी युगल खेला, जो मेरी अच्छी मित्र हैं। इसमें हालांकि हम लोगों ने अच्छा किया, लेकिन मैंने इसे जारी नहीं रखा। मुझे अपने खेल में जीतना पसंद है और इसके लिए एकल मैच के जैसा और कुछ भी नहीं है।

अंतर्राष्ट्रीय टूर्नामेंटों में खेलने के लिए तकरीबन 20 से 28 बेहतरीन खिलाड़ियों को बिना क्वालिफिकेशन राउंड के सीधे प्रवेश मिलता है। अन्य

खिलाड़ियों को तीन क्वालिफिकेशन राउंड से गुजरना होता है। प्रतियोगिता का यह चुनौतियों से भरा हिस्सा होता है। इस टीम इवेंट में खेलते समय मैं ज्यादा दबाव महसूस करती हूं।

भारत के पास अभी भी पर्याप्त मात्रा में टॉप खिलाड़ी नहीं हैं, जिससे क्वालिफिकेशन राउंड पास करने में मदद मिल सके। जबकि चीन, इंडोनेशिया, मलेशिया और कोरिया जैसे देशों में ऐसा नहीं है। इन देशों के अनुभवी खिलाड़ियों और नए खिलाड़ियों में बहुत अच्छा संतुलन होता है, क्योंकि इन देशों में आमतौर पर किसी एक खिलाड़ी के ऊपर पूरा दारोमदार नहीं होता है। मुझे लगता है कि मुझसे यह उम्मीद की जाती है कि मैं ही टीम की नैया पार लगाऊंगी, अगर मैं हार जाती हूं तो हम सब हार जाते हैं। हालांकि नए खिलाड़ियों के आने से धीरे-धीरे अब यह पुरानी धारणा बदल रही है, लेकिन अब तक इससे निबटना बहुत मुश्किल भरा रहा है। मीडिया में रिपोर्ट आती है, 'साइना के रहने के बावजूद, टीम की हार हुई' जो हमेशा ही गैरवाजिब होती है। जब हम लोग टीम इवेंट में खेलते हैं, तो उसमें जीतने की जिम्मेदारी सिर्फ एक खिलाड़ी की नहीं होती है। लेकिन इस बात को समझने के लिए कोई तैयार नहीं होता है। अपने देश में बैडमिंटन का खेल अभी भी अपनी युवावस्था में है। सिर्फ हमारी पीढ़ी के खिलाड़ियों ने ही विश्वस्तरीय सुविधाओं को देखा है। अच्छे खिलाड़ियों को तैयार करने में अभी कुछ वर्ष और लगेंगे, तब तक हम लोग कुछ टूर्नामेंट जीतते रहेंगे। हर टूर्नामेंट में हम लोग थोड़ा-थोड़ा खिसक रहे हैं। हर मैच में प्रगति कर रहे हैं और विरोधी खिलाड़ियों को आसानी से जीतने नहीं दे रहे हैं। यही बात मीडिया नहीं समझ पा रहा है, जब वह कहता है, 'शुरुआती दौर में ही भारत की हार'।

लेकिन कभी-कभी क्वालिफिकेशन राउंड निकल जाना ही राहत भरा होता है। शुरुआती दौर का मैच नए खिलाड़ियों के विरुद्ध खेलना होता है, जो 15 मिनट से भी ज्यादा नहीं चलता है। इस राउंड को खेलने में मुझे बहुत मजा नहीं आता है, क्योंकि किसी भी टूर्नामेंट में आपको वहां के कोर्ट और कंडीशन के बारे में भली-भांति जानना जरूरी होता है और 15 मिनट के खेल में यह जान लेना नामुमकिन होता है। अगर आरंभिक राउंड इतने ही समय में खत्म हो जाता है, तो अगला राउंड चुनौतियों से भरा होता है।

सामान्य रूप से एक मैच कम-से-कम एक घंटे में खत्म होता है। हांगकांग ओपन-2010 के फाइनल में मैंने अब तक का सबसे लंबा मैच खेला था। इसमें वांग शिजियान को हराने में मुझे एक घंटा 21 मिनट का समय लगा। इसमें जीतने के पहले हम लोगों ने कठिनाइयों से भरे तीन लंबे-लंबे सेट खेले। अब तो आप यह समझ गए होंगे कि फिटनेस का स्तर ऊंचा रखना क्यों महत्त्वपूर्ण होता है। बिना रुके लगातार कोर्ट पर डेढ़ घंटे तक इधर-से-उधर दौड़ते रहना और शटल पर निगाहें जमाए रखना और अपना बेहतरीन स्ट्रोक खेलना। परिणाम क्या निकलेगा, इसका कयास खेल के दौरान हम लोग नहीं लगा सकते। यह जरूरी नहीं कि लंबे समय तक चलने वाला मैच मेरे हक में ही होगा। मैंने 20-23 के बहुत ही कम अंतर से मैच जीता भी है और मैं 11-3 या 19-10 से आगे होने के बावजूद मैच हार भी गई हूं। ऐसा होने से मुझे बहुत दुःख भी होता है, पर मैं क्या कर सकती हूं।

साइना नेहवाल बताती है कि विश्व में सबसे बेहतरीन खिलाड़ी चीन में हैं, इसे मानना होगा। पुरुष खिलाड़ियों में **लिन डेन** की मैं प्रशंसक हूं। सन् 2010 में उन्होंने अपना पांचवां 'ऑल इंगलैंड बैडमिंटन चैंपियन' जीता। वास्तव में यह एक बड़ी उपलब्धि है। वे इकलौते बैडमिंटन खिलाड़ी हैं, जिन्हें लगातार दो बार ओलंपिक में स्वर्ण पदक मिला है और विश्व के सभी नौ नामी-गिरामी टाइटल भी जीत चुके हैं।

**वांग शिज़ियान** और **वांग यिहान**, ये दोनों महिलाएं साहस तोड़ देने वाला खेल खेलती हैं और बहुत ही खतरनाक हैं। ये दोनों खिलाड़ी हर एकल मैच जीतने पर आमादा रहती हैं। मानसिक रूप से इस तरह का दृढ़ निश्चय किए हुए खिलाड़ियों को हराना बहुत कठिन होता है। उनके विरुद्ध खेलने में मजा आता है, क्योंकि वे दोनों मुझे चुनौतियों से भरा मैच खेलने का मौका देती हैं, खासकर वांग यिहान से।

## मेरे पसंदीदा कुछ अन्य बैडमिंटन खिलाड़ी हैं-

**प्रकाश पादुकोण** : इस खेल में भारत को विश्व नंबर एक का स्वाद चखाने वाला बनकर उन्होंने बहुत बड़ा काम किया। वह ऑल इंगलैंड चैंपियन रहे और उस समय अगर ओलंपिक में यह खेल खेला जाता तो शायद वहां भी उन्हें स्वर्ण पदक मिलता। अंतर्राष्ट्रीय स्तर

पर देश के बैडमिंटन खिलाड़ियों का द्वार खोलने के लिए हम उनके ऋणी रहेंगे।

**पुलेला गोपीचंद :** मेरे कोच, गोपी सर इस खेल में ताजगी लेकर आए। टॉप का खिलाड़ी बनने के लिए उन्होंने बहुत ही आक्रामकता और मेहनत से खेला। अगर वह चोटिल नहीं होते, तो शीर्ष स्थान पर लंबे समय तक आसानी से राज करते। मेरे जैसी खिलाड़ियों ने उनसे अंतर्राष्ट्रीय स्तर का खेल सीखा है। उनका यह अनुभव हम लोगों के लिए अनमोल है।

**तौफ़ीक हिदायत :** इंडोनेशिया के ओलंपिक चैंपियन तौफ़ीक हिदायत खेल को बहुत आसान बनाते हैं। लेकिन मुझे पता है कि यह इतना आसान नहीं है। वे बहुत प्यारे दिखते हैं। उन्हें कोर्ट पर देखना अच्छा लगता है। कोर्ट पर दिखने वाला सीधा और आसान दिखने वाला यह खिलाड़ी कोर्ट में कमाल का खेल दिखाने की क्षमता रखता है।

**लि चोंग वी :** मलेशिया के इस खिलाड़ी को आप हल्के में नहीं ले सकते हैं। वर्ष 2012 में उन्होंने ऑल इंगलैंड चैंपियनशिप फाइनल्स खेला और ओलंपिक के फाइनल में उनका मुकाबला लिन डेन से हुआ और उन्होंने डेन को बराबरी की टक्कर दी।

**अपर्णा पोपट :** इसमें कोई शक नहीं कि भारत के बेहतरीन बैडमिंटन खिलाड़ियों में से वह एक थीं। मैं एक खिलाड़ी के नाते उनका बहुत सम्मान करती हूं, लेकिन उससे भी ज्यादा एक व्यक्ति के तौर पर। टूर्नामेंट के दौरान अपने आपको संभालना, मैच जीतने पर ध्यान केंद्रित करना और इसे गंभीरता से लेना आदि। उनकी इन सभी बातों को मैं देखती आई थी। अपर्णा मेरी जैसी किसी युवा नवोदित खिलाड़ी की प्रेरणा स्त्रोत थीं। 'इंडियन राष्ट्रीय चैंपियनशिप' में उन्होंने दस बार जीत दर्ज की। इसमें तीन बार, वर्ष 2004, 2005 और 2006 में मुझे ही हराकर जीत हासिल की।

**टीने बॉन :** डेनमार्क की यह खिलाड़ी कोर्ट पर खतरनाक उपस्थिति दर्ज कराती है। छह फुट लंबी यह खिलाड़ी अपने स्मैश शॉट के लिए जानी जाती है। वर्ष 2008 और 2010 में टीने दो बार ऑल इंगलैंड चैंपियन रही हैं। वर्ष 2010 के इसी आयोजन में मैं उनसे सेमीफाइनल में 21-19, 21-19 के बहुत ही कम अंकों के अंतर से हार गई थी। हालांकि इसके बाद ओलंपिक 2012 में इनसे मैं जीती भी हूं। एक खिलाड़ी के रूप में मैं उनका बहुत सम्मान करती हूं।

इसी तरह एक अन्य खिलाड़ी हैं **ट्रेसी हॉलम**। इंगलैंड की रहने वाली इस खिलाड़ी ने मेलबोर्न राष्ट्रमंडल खेलों में उनके ख़िलाफ खेला और उस साल स्वर्ण पदक भी जीता। साइना को यह कहते हुए खुशी भी होती है कि उसी साल कई टूर्नामेंटों में साइना ने उसे हराया भी था।

इन सबके अलावा साइना नेहवाल, **लु लान**, **ज्यांग निन**, **जी जीनफांग** और **ली ली** की भी बहुत इज्जत करती हैं। ये सभी बहुत ही चैंपियन टाइप की खिलाड़ी हैं, जिनसे साइना नेहवाल हारी भी हैं, तो हराया भी है। शानदार प्रदर्शन करने और जीतने के बाद ही तो वे विश्व की नंबर-वन खिलाड़ी बन पाई हैं।

# 7. तब और अब में फर्क

विश्व की नंबर-वन बैडमिंटन खिलाड़ी साइना नेहवाल के शुरुआती दिन बहुत कष्टकारी रहे हैं। उनके पिता डॉ. हरवीर सिंह और माता उषा रानी ने उसे इस मुकाम तक पहुंचाने में, संवारने में बड़ा त्याग किया है। उसके पापा ने तो अपनी पूरी-पूरी तनख्वाह ही उसके खेल को समर्पित कर दी। जब इससे भी पूरा नहीं पड़ा, तो उन्होंने अपने पीएफ से भी अग्रिम धन कर्ज लेकर बेटी को बैडमिंटन खिलवाया। उन्होंने ऐसी कोई भी बात नहीं होने दी, जो साइना नेहवाल के खेल में बाधा बन सकती थी।

उसके बेहतरीन खेल को दृष्टिगत रखते हुए 'स्पोर्ट्स अथॉरिटी ऑफ इंडिया' (साई) ने सन् 1999 में साइना को 700 रुपये प्रतिमाह की फेलोशिप दी। साथ में उसे एक किट भी दी। पूरे देश में खेलने के एवज में भारतीय रेल की तरफ से उसे सेकेंड क्लास का टिकट भी फ्री में मिलने लगा। सन् 2003 में 'पेट्रोलियम स्पोर्ट्स प्रमोशन बोर्ड' ने उसे 2500 रुपये प्रतिमाह की फेलोशिप प्रदान कर दी।

इस सबके बावजूद साइना के खर्चों में किसी भी तरह की कोई भी कमी नहीं आ रही थी। अपने घर से स्टेडियम तक दो बार आना-जाना, प्रशिक्षण की कीमत, जूते, शटल कॉक्स आदि के चलते उस पर हर महीने करीब 12 हजार रुपये का खर्च आता था। इस बीच सन् 2002 में 'योवकेन सनराइज स्पोर्ट्स' की तरफ से एक शानदार किट प्रदान की गई।

हरवीर और उषा रानी की खुशी का ठिकाना नहीं रहा, जब साइना सिर्फ 14 साल की थी और उसने 10वीं की परीक्षा भी पास नहीं की थी, तभी 'भारत पेट्रोलियम' ने साइना को नौकरी प्रदान की। इसके लिए साइना के साथ उनके पापा को भी इंटरव्यू के लिए बेंगलुरू बुलाया गया। वहां पर पिता-पुत्री यह देखकर आश्चर्यचकित रह गए कि उनका इंटरव्यू

लेने वाला कोई और नहीं, बल्कि भारत के सबसे बड़े बैडमिंटन खिलाड़ी प्रकाश पादुकोण थे।

पादुकोण ने हरवीर सिंह से पूछा, 'आप साइना को क्या बनाना चाहते हैं?'

हरवीर ने कहा, 'बैडमिंटन खिलाड़ी।'

इस पर वह बोले, 'साइंटिस्ट क्यों नहीं बना रहे हो बेटी को अपनी तरह?'

वह बार-बार हरवीर से यही पूछ रहे थे, 'वह विजेता क्यों नहीं बनती, सिर्फ उप विजेता बनकर क्यों रह जाती है?'

तमाम तरह के सवालों के बीच साइना से जब यह पूछा गया, 'पेट्रोलियम क्या चीज है?'

इस पर वह बोली, 'मुझे इसके बारे में कुछ भी नहीं मालूम नहीं।'

इस बातचीत के बाद साइना नेहवाल को 15 हजार रुपये प्रतिमाह की फेलोशिप प्रदान की गई। साथ ही उसे यह आश्वासन भी मिला कि जब वह 18 साल की हो जाएगी, तब भारत पेट्रोलियम उसे नौकरी भी देगा। वर्ष 2008 में वे क्षण भी आ गए, जब उसे वहां पर स्पोर्ट्स एक्जीक्यूटिव की नौकरी प्रदान कर दी गई। उसके बाद उसकी प्रोन्नति भी हुई और उसका वेतन कर दिया गया 50 हजार रुपये प्रतिमाह। इसके साथ ही हरवीर सिंह का भी खराब वक्त खत्म हो गया था। इससे पहले उन्हें आर्थिक रूप से बहुत दिक्कतें हो रही थीं और वह वक्त था सन् 1999 से 2004 तक का।

उन दिनों को याद करते हुए डॉ. हरवीर सिंह बताते हैं, 'साइना को बेहतर खिलाड़ी बनाने के लिए मैंने अपने प्रोविडेंट फंड से करीब छह बार पैसे निकाले। बहाना बनाया पत्नी का इलाज करवाना है, वह बीमार रहती है। कभी मैंने 50 हजार लिए कर्ज के रूप में, तो कभी एक लाख रुपये। बहरहाल, अब सब ठीक है। मैंने वह कर्ज भी चुका दिया है।'

हकीकत तो यह है कि साइना नेहवाल को इस बात का किंचित मात्र भी पता नहीं था कि उस पर उन दिनों कितने पैसे रोज खर्च होते थे। पूरे परिवार को इस बात की सख्त हिदायत थी कि वे साइना से इस संदर्भ में किसी भी तरह की कोई बात नहीं करेंगे कि उसे कैसे खिलाड़ी बनाया जा रहा है। हरवीर कहते हैं कि उसे उस समय यह सब बताने की कोई जरूरत नहीं थी, क्योंकि वह तब बहुत छोटी थी और यह सब बातें उसकी समझ से भी परे थीं।

आज साइना नेहवाल इस बात को स्वीकार करते हुए कहती हैं कि मुझे तो इस बात का पता ही नहीं चला कि पापा ने प्रोविडेंट फंड से कर्ज लेकर मुझे खिलाड़ी बनाया है। मुझे यह भी नहीं मालूम था कि मेरे खेल पर जो पैसा खर्च हो रहा है, वह आखिरकार आ कहां से रहा है? कर्ज लेकर मुझे टूर्नामेंट में भेजा गया। यह बात पता नहीं थी। मेरी मां हर टूर्नामेंट में मेरे साथ जाती थीं और 30 से 40 हजार रुपये तक हर टूर्नामेंट में खर्च करती थी। साल में दस टूर्नामेंटों में मैं शिरकत करती थी, लेकिन पापा ने मुझसे कभी यह सवाल नहीं पूछा कि इस टूर्नामेंट में भाग लेना है या नहीं।'

साइना ने जब हैदराबाद के बाहर जाकर खेलना शुरू किया, तो अचानक से उसके टेलीफोन के बिलों में भी बेतहाशा बढ़ोतरी होने लगी। 'फिलीपींस ओपन' और 'वर्ल्ड जूनियर चैंपियनशिप' के दौरान तो उसका बिल हर महीने 50 हजार तक का हो जाता था, क्योंकि हर मैच के बाद उसे मीडिया वालों से भी बात करनी होती थी। साइना इतनी सीधी थी कि वह चाहती तो लोकल सिम लेकर यह खर्च बचा सकती थी, लेकिन इतनी चतुराई उसमें थी नहीं, लिहाजा खर्च तो बढ़ना ही था।

बहरहाल, अब सब चीजें सेट हो गई हैं। सन् 2010 में उसने इतना पैसा कमाया कि पूछो मत। उस साल उसने 60 लाख रुपये इनकम टैक्स के रूप में जमा किए। सन् 2011 में इनकम टैक्स की यह राशि बढ़कर डेढ़ करोड़ रुपये हो गई। अब तो उससे भी बहुत ज्यादा वह इनकम टैक्स दे रही है। चार्टर्ड एकाउंटेंट को ही वह करीब चार लाख रुपये साल के देती है।

डा. हरवीर सिंह बताते हैं कि वे हमारे लिए बहुत ही मुश्किल भरे दिन थे, लेकिन अब तो साइना ने सुनिश्चित कर दिया है कि चाहे अब कुछ भी हो जाए, परंतु अब पैसे की किल्लत जिंदगी भर नहीं होगी। मैं तो प्रभु से यही प्रार्थना करता हूं कि सबको साइना जैसी ही बेटी मिले। हां, यह भी तय मानिए कि यदि वह तय कर लेती कि उसे पढ़ाई जरूर करनी है, तो वह इतना पैसा अर्जित नहीं कर सकती थी, जितना कि वह आजकल कर रही है।

दिसंबर, 2005 में मित्तल फाउंडेशन आगे आया और उसने साइना को प्रायोजित करने का फैसला किया। उसने 25 लाख रुपये प्रतिवर्ष देने को तो कहा, लेकिन खर्चे के आधार पर। पैसे लेने के लिए बिल वगैरह भी देने पड़ते थे।

सन् 2009 में डेक्कन क्रॉनिकल ग्रुप के मालिक रवि रेड्डी ने डॉ. हरवीर सिंह को सपरिवार हैदराबाद के बंजारा हिल्स इलाके में स्थित अपने घर पर डिनर के लिए बुलाया। रवि रेड्डी की बेटी अंजना भी बैडमिंटन खिलाड़ी थी और साइना के शुरुआती दिनों में वह साइना की बड़ी कट्टर प्रतिद्वंद्वी थी।

बातचीत के दौरान रवि रेड्डी ने साइना से पूछा, 'तुम्हें कौन प्रायोजित कर रहा है?'

इस पर हरवीर बोले,

'मित्तल फाउंडेशन।'

'कितना दे रहे हैं?'

हरवीर बोले, '25 लाख प्रतिवर्ष।'

इस पर वह बोले, 'साइना मेरी बेटी है। उसे मैं एक करोड़ रुपये दूंगा।'

इसके बाद मित्तल फाउंडेशन ने प्रायोजन करना छोड़ दिया और डेक्कन क्रॉनिकल साइना का मुख्य प्रायोजक बन गया। यह सब देख-सुन हरवीर को वह दिन याद आ गए, जब सन् 1999 में लाल बहादुर शास्त्री स्टेडियम में साइना और अंजना के बीच मैच खेला गया था, जिसे बाद में निरस्त कर दिया गया था। हालांकि वह मैच साइना हार गई थी, लेकिन सही मायने में साइना ने वह मैच तब जीता, जब डेक्कन क्रॉनिकल उनके साथ खड़ा हुआ।

अपने पिछले दिनों को याद करते हुए साइना नेहवाल कुछ-कुछ शरमाती हैं, लजाती हैं और भावुक भी हो जाती हैं। कहती हैं कि जब मैं पांच साल की थी, तब एक फैंसी-ड्रेस प्रतियोगिता में भाग लिया था। उसमें मुझे जवाहर लाल नेहरु बनना था। मेरी बारी आई और मैं मंच पर गई, सबको सैल्यूट किया, लेकिन भूल गई कि आखिर मंच पर मुझे बोलना क्या है। सैल्यूट की मुद्रा में मंच पर कुछ देर तक यों ही खड़ी रही और अपने मम्मी-पापा की ओर देखती रही। बाद में मम्मी-पापा को बोलना पड़ा कि चलो कोई बात नहीं, अब नीचे आ जाओ। आप सोच सकते हैं कि मुझे उस दिन मंच का कैसा डर था। हालांकि उस वाकये के बाद भी मेरे माता-पिता मुझे अन्य मुकाबलों में भेजते रहे। हर बार मंच पर चढ़ते ही मेरी जुबान बंद हो जाती और मैं मम्मी-पापा की ओर नजरें गड़ाए इस बात का इंतजार करती कि वे कहें कि कोई बात नहीं, अब मंच से नीचे आ जाओ। मंच पर ऐसे जाने का सिलसिला अब शुरू हो चुका

था, लेकिन बात वही होती, जो हर बार हुआ करती थी। हालांकि खेल के कोर्ट पर उतने दर्शकों के सामने खेलने में मुझे कभी कोई परेशानी नहीं हुई। मैं दर्शकों की उपस्थिति, उनकी प्रशंसा और उनके समर्थन का तहेदिल से स्वागत करती रही हूं।

भारत के अलावा इंडोनेशिया में खेलना मुझे बहुत पसंद है, वहां के लोग मेरे कट्टर समर्थक हैं। मुझे जकार्ता की एक दिलचस्प घटना याद है। यात्रा के दौरान कैब के ड्राइवर ने मुझे पहचान लिया और वह मुझसे किराया लेने को इसलिए तैयार नहीं था, क्योंकि वहां आयोजित टूर्नामेंट में मुझे विजय हासिल हुई थी। खेल जीतना तो अपने आप में महान है ही, लोगों का दिल जीतना भी मेरी सफलता में बड़ी भूमिका निभाता आया है। जब कोई खिलाड़ी जीतता है, तो उसे उपलब्धियों की मिली-जुली अनुभूति होती है और मैं वैसी अनुभूति को बार-बार दोहराने के लिए अपने को क्षमतावान बनाना पसंद करती हूं। यही बातें हैं, जिनसे आप बहुत कुछ सीखते हैं।

अंतर्राष्ट्रीय स्तर पर जब मैंने अच्छा करना शुरू किया तो कई चीजें मेरे साथ जुड़ीं। पहली बात तो यह कि मैं बहुत मशहूर हो गई। लोगों ने मुझे पहचानना शुरू किया और उसी हिसाब से पैसा आना भी शुरू हो गया। चैंपियन बनने के लिए जिस विश्वास की जरूरत होती है, वह मैंने पा लिया। मैं इस बात पर भी विशेषकर खुश थी कि बैडमिंटन एक लोकप्रिय खेल बनने लगा। ज्यादा-से-ज्यादा बच्चों ने इसे खेलना और अकादमी में शामिल होना शुरू किया। इसका एक खराब पक्ष यह रहा कि खेल का दबाव मुझ पर ज्यादा था। एक बार भी खराब प्रदर्शन हुआ नहीं कि लोग इस बारे में लिखना शुरू कर देते या इसी पर चर्चा शुरू हो जाती। यह परेशान करने वाली बात होती। मुझे ऐसा लगा जैसे मेरी प्रसिद्धि सीधे तौर पर मेरे प्रदर्शन से जुड़ी है। इसके लिए मैं ऐसा कोई काम नहीं करती, जो मेरा ध्यान खेल से इधर-उधर ले जाए।

बाद में विज्ञापन के विज्ञापन के प्रस्ताव भी आने शुरू हो गए। किसी आयोजन में भाग लेने, इंटरव्यू का बुलावा आदि तो आम बात हो गई। अब मैं 18 बरस की हो गई थी और लोग शायद यह महसूस करने लगे थे कि अब मैं युवा हूं, जिसने मुझे प्रसिद्धि दिलाने में मदद की। खेलने के साथ ही मेरा आत्मविश्वास भी तेजी से बढ़ने लगा और

मुझे लगने लगा कि मैं भी बड़ी हो गई हूं। मैं कभी टॉम-ब्वाय नहीं रही और आज के दिन भी वैसे ही कपड़े पहनती हूं, जो मेरी उम्र की लड़कियां पहनती हैं।

यह जानकर आप भी चौंक जाएंगे कि मेरा पहला फोटो शूट 2010 में हुआ, जब मैं 20 साल की थी। तब मेरे दिमाग में यह बात बैठी हुई थी कि शूट के दौरान कुछेक लोग होंगे और कैमरे के सामने पोज देने के बाद जल्दी ही लौट आऊंगी। जब मैं सेट पर पहुंची और 100-200 लोगों को सामने देखा तो मेरे अंदर डर समा गया। मैं मेकअप एरिया में पहुंची और सबका काम हो जाने के बाद मेरा मेकअप शुरू हुआ। मुझे इतना सजाया गया कि मैं खुद को नहीं पहचान पाई। वहां खड़े रहने पर भी मुझे डर लग रहा था। मैं खुद को गुड़िया-सी महसूस कर रही थी और वर्षों तक बिना किसी मेकअप के कोर्ट पर खेलने-कूदने के कारण ये सारी चीजें मुझे बहुत अटपटी-सी लग रही थीं। मामला तब और बिगड़ता-सा लगा, जब यह पता चला कि मुझे लोगों के सामने कुछ बोलना भी है। मंच का पहले वाला डर फिर मेरे अंदर समाता चला गया। इस बार फर्क सिर्फ यह था कि मुझे समझाने-बुझाने के लिए मम्मी-पापा मेरे सामने नहीं थे। शूटिंग में दो दिन गुजारने पड़े, जिस कारण मुझे बहुत थकान हुई। मॉडलिंग थकाने वाला काम है और इसमें आप किसी को कुछ कहने का मौका भी नहीं दे सकते।

वैसे भी यह समझ लेना जरूरी है कि यह कितना भी थकाने वाला काम क्यों न हो, विज्ञापन जरूरी है। इससे पैसा आता है, जिसकी जरूरत हमें होती है। जब मैंने बैडमिंटन खेलना शुरू किया, तो पापा को मेरे प्रशिक्षण का खर्च उठाना पड़ा। धनवान बनने के बारे में मैंने पहले कभी नहीं सोचा, लेकिन हम लोग जिस मध्यमवर्गीय परिवार से आते हैं, वहां पैसा चीजों को बदलता है। इस बारे में मुझे कोई शिकायत नहीं है कि पैसा होना अच्छा लगता है। मैं अपना एकाउंट हमेशा जांचती नहीं या पता नहीं करती रहती कि उसमें कितना पैसा आया है, लेकिन रुपये-पैसे के हिसाब से हमें जिस तरह का स्थायित्व मिला, वह स्वागत योग्य है।

कभी-कभी अच्छे कामों में योगदान के नाम पर कुछ करने के लिए विज्ञापन आपको अनुमति देता है। सन् 2006 में ऐसा करने के लिए मुझे मौका मिला। 'बेटी बचाओ अभियान' के लिए सरकार ने मुझे ब्रांड एंबेसेडर

बनाया। यह मेरे लिए सम्मान की बात थी और मुझे इस बात का भी गर्व हुआ कि लोग मुझे युवतियों के रोल-मॉडल के रूप में देखते हैं।

हालांकि मैं यह भी नहीं भूलती कि इसके लिए कितना संघर्ष करने की जरूरत पड़ती है। खासकर मेरे माता-पिता ने मेरे लिए जितना कुछ किया। यही कारण है कि मेरे माता-पिता और मैं जरूरतमंदों की मदद करने की पूरी कोशिश करते हैं। सेलिब्रिटी जो भी दान-पुण्य का काम करते हैं, लोग उसे कभी-कभी संकोच की निगाहों से देखते हैं। लेकिन जब किसी के पास जरूरत से ज्यादा हो, तो यह जाहिर-सी बात है कि वह किसी की मदद करने के बारे में सोचेगा। मैंने उन बच्चों के बारे में सुना है, जिन्हें पढ़ाई-लिखाई के खर्च की जरूरत होती है। ऐसे बच्चों की सहायता करने में मुझे खुशी महसूस होती है। वैसे तो सबकी मदद करना असंभव-सा है, लेकिन जब किसी की मदद हो जाए तो बड़ा अच्छा लगता है। किसी अनाथालय में भोजन मुहैया कराना या फिर किसी खेल आयोजन में वित्तीय मदद या फिर किट बांटने का काम करना मुझे अच्छा लगता है। किसी स्थानीय टूर्नामेंट में जब मैं आमंत्रित होती हूं, तो वहां विजेता को नकद इनाम राशि बांटना मुझे पसंद है। मुझे इस बात की जानकारी है कि किसी को प्रशिक्षण या फिर खेल के सामान मुहैया कराना कितना मुश्किल भरा काम है, इसलिए जहां तक मदद की बात है, तो नकद देकर मैं मदद करने की भरपूर कोशिश करती हूं।

सन् 1999 में जब मैंने खेलना शुरू किया, तब भारतीय खेल प्राधिकरण (साई) ने मुझे 700 रुपये प्रतिमाह फेलोशिप देना शुरू किया। एक साल बाद 'पेट्रोलियम स्पोर्ट्स बोर्ड' ने 2500 रुपये प्रतिमाह स्टाइफंड देने का प्रस्ताव दिया और यह सिलसिला तीन साल तक चलता रहा।

वर्ष 2004 में अंडर-15 राष्ट्रीय चैंपियनशिप और सीनियर राष्ट्रीय चैंपियनशिप में तीसरा स्थान प्राप्त करने के बाद मुझे नौकरियों के कुछ प्रस्ताव मिले। अपने देश में अमूमन ऐसा होता है कि कोई खिलाड़ी अगर राष्ट्रीय स्तर पर पहुंचता है तो तेल कंपनियां या रेलवे उसे अपने यहां नौकरी देती हैं। इसलिए मुझे भी भारत पेट्रोलियम कॉरपोरेशन लिमिटेड की ओर से प्रस्ताव मिला। सही बात तो यह है कि इसके लिए प्रकाश पादुकोण सर ने मेरा नाम सुझाया था। इस नौकरी के इंटरव्यू के लिए मैं पापा के साथ बैंगलोर गई, उस समय मेरी उम्र 14 साल थी। संयोग की बात यह

रही कि इंटरव्यू सिर्फ एक औपचारिकता भर था। इंटरव्यू में मुझसे खेल की अगली तैयारियों के बारे में पूछा गया, जिनके जवाब मैंने आसानी से दिए। लेकिन जब तेल कंपनियों के बारे में मुझसे सवाल पूछा गया, तो मैंने उन्हें यही जवाब दिया कि मैं इस बारे में कुछ नहीं जानती। हालांकि मुझे नौकरी मिली और वह भी अफसर कैडर के रूप में। मुझे फेलोशिप अवार्ड के रूप में प्रति महीने तनख्वाह मिलती रही। मेरे 18वें जन्मदिन पर मुझे नियमित कर्मचारी के रूप में नियुक्ति पत्र मिला, जिसमें कार्यकारी अधिकारी के पद पर मेरा नाम लिखा गया था। वर्तमान समय में मैं वहां पर उप प्रबंधक के रूप में कार्यरत हूं और मुझे उम्मीद है कि खेल में जैसे-जैसे मेरा प्रदर्शन अच्छा होगा, मेरी उन्नति भी वैसी ही होती रहेगी। यह सोचकर हैरत होती है कि खेल के कारण स्कूल से बाहर होने के बाद भी मुझे नौकरी मिली और खासकर तब जब स्कूल में मेरी हाजिरी न के बराबर थी। तनख्वाह मेरे लिए स्वागत योग्य रही, क्योंकि इसने मेरे पापा के बोझ को हल्का किया है। इसके लिए मैं शुक्रगुजार हूं।

यही नहीं, 2007 में मुझे मित्तल चैंपियंस ट्रस्ट की ओर से प्रायोजन का प्रस्ताव मिला। यह बहुत बड़ी मदद थी, खासकर मेरे टूर्नामेंट खर्च के लिए। प्रस्ताव के मुताबिक मुझे 25 लाख रुपये मिले, जो मेरे प्रशिक्षण, फिजियो, खेल उपकरण, टूर्नामेंट के लिए इधर-उधर की यात्रा जैसे मदों में खर्च हुए। सरकार कभी-कभी हमारी यात्राओं को प्रायोजित नहीं करती, तब ऐसी मदद हमारे लिए वरदान साबित होती है।

उसके दो साल बाद यानी 2009 में 'डेक्कन क्रॉनिकल' की ओर से प्रायोजन के साथ-साथ ब्रांड एंबेसेडर बनने का प्रस्ताव मिला। हैदराबाद में मेरे रहने के कारण इस प्रस्ताव को ठुकराने का मुझे कोई तुक नहीं दिखा। ब्रांड एंबेसेडर होने के नाते मैंने कंपनी के लिए कुछ विज्ञापन किए और कुछ अभियानों में भाग लिया। 'डेक्कन क्रॉनिकल' की लोगो वाली टी-शर्ट भी खेल के दौरान पहनना शुरू किया। तब से छह साल हो गए, वही कंपनी मेरा वित्तीय प्रबंधन करती है।

कभी-कभी मेरे बारे में यह कहा जाता कि विज्ञापनों के कारण मुझे बाहर ज्यादा रहना पड़ता है और मॉडलिंग मेरा ध्यान खेल से इधर-उधर भटका रहा है, लेकिन यह बात शायद ही सही हो। साल 2011 में मैंने आठ विज्ञापन किए। सभी शूट और इंटरव्यू एक दिन में किए गए, जिसके

लिए मुझे कोई तैयारी करने की जरूरत नहीं पड़ी थी। इस पर काम करने के लिए मैंने अपनी छुट्टियां छोड़ दीं। मेरे बारे में बोलने वाले इस चीज को देखना-समझना भूल गए। अगर खेल के अलावा मैं अन्य गतिविधियों में भी हिस्सा लेती हूं, तो लोग इसे देखते-समझते हैं। इससे मेरे खेल और खुद को भी मदद मिलती है। मैं हमेशा इस बात को जानती भी हूं और समझती भी हूं कि मुझे प्रस्ताव तभी तक मिलेंगे जब तक मैं अच्छा खेलूंगी। मैं इस बात को कभी नहीं भूल पाई। यह निश्चित है कि एक मेडल किसी को सेलिब्रिटी नहीं बना सकता।

वैसे यह बात तय है कि निरंतर प्रयास कर आज के युवा बैडमिंटन में अपना कैरियर बनाने के बारे में सोच सकते हैं। अगर वे शीर्ष पर पहुंचने का ख्वाब देख सकते हैं, तो इसका मतलब यह हुआ कि मुझे नई पीढ़ी के लिए रास्ता साफ रखना होगा। गोपीचंद अकादमी में हरेक साल लगभग 150 आवेदन बच्चों की ओर से आते हैं। मतलब यह हुआ कि लोगों की दिलचस्पी इस खेल में बढ़ रही है। श्रीलंका में मेरी एक ऐसी प्रशंसक है, जो हरेक टूर्नामेंट के बाद मुझे पत्र लिखती है। यह खेल श्रीलंका में अभी लोकप्रिय नहीं है, फिर भी वह पत्र लिखना नहीं भूलती और मैं भी उसका जवाब हमेशा देती हूं। वैसे भी ओलंपिक गोल्ड क्वेस्ट की ओर से मेरा फेसबुक पेज सेट किया गया है, जिस पर मेरे आठ लाख से ज्यादा प्रशंसक हैं। ये प्रशंसक सिर्फ मेरे ही नहीं, बल्कि मेरे खेल के भी हैं। हालांकि इसके अलावा मेरा व्यक्तिगत फेसबुक एकाउंट भी है, जिसके सहारे मैं अपने प्रशंसकों से जुड़ी रहती हूं।

वैसे मैं यह भी जानती और समझती हूं कि इस तरह की ख्याति का संयोग सभी सफल खिलाड़ियों को नहीं मिल पाता। यह वैसे ही है, जैसे ब्रांडिंग और मार्केटिंग किसी को अपने मनमाफिक स्टार बना दे। ऐसा देखने से लग सकता है, लेकिन यह पूरी तरह से किस्मत की बात है। इसके लिए किसी एक्स फैक्टर की भी जरूरत होती है, जो प्रायोजकों को अपनी ओर आकर्षित कर सके। अपने देश में कई खिलाड़ी ऐसे हैं, जो खेल में बहुत अच्छे हैं, लेकिन विज्ञापन अनुबंधों से बिलकुल बाहर हैं। उनके लिए विज्ञापन बहुत मुश्किल है, इसलिए अगर मुझे इसका मौका मिला है, तो मैं बैडमिंटन और युवाओं को प्रोत्साहित कर रही हूं। मेरे प्रायोजक चाहते हैं कि मैं हमेशा अच्छा प्रदर्शन करूं और मैं खुद के लिए भी ऐसा ही चाहती हूं।

यही नहीं, मेरे प्रायोजक यह भी चाहते हैं कि मैं उनके उत्पादों के लिए मीडिया में दिखूं। इसके बदले मुझे ज्यादा पैसे मिलते हैं, तो फिर इसे ठुकराने का मुझे कोई कारण नहीं दिखता। क्या आपको नहीं लगता कि यह एक सही सौदा है। भारत जैसे देश में मैंने प्रायोजनों से जितनी जल्दी में जो भी बनाया, उसने मुझे आश्चर्य में तो डाला ही, उसी ने मुझे विनम्र भी बनाया। मलेशिया से तुलना करें, तो जिस लीग में मैं हूं, उस लीग के खिलाड़ियों की तुलना में मैं ज्यादा पैसा कमाती हूं।

परिवार के तौर पर ईमानदारी से बात करें, तो पैसे ने हमें बिलकुल नहीं बदला है। मैं पापा के लिए शर्ट, घड़ी या फिर अबु के लिए परफ्यूम खरीदती रहती हूं, लेकिन मुझे याद नहीं कि मम्मी ने कभी अपने लिए मेरे से कुछ कहा हो। मेरी वार्डरोब पर मम्मी खास ध्यान देती रही हैं, चाहे पैसों की कितनी भी कमी रही हो विगत में लेकिन उन्होंने मेरे लिए अच्छे-अच्छे कपड़े खरीदे हैं। पापा के पास अच्छे कपड़े हों, इस पर भी उनका ध्यान रहता है। लेकिन अपने लिए तो बस साधारण सूती सलवार-कमीज और वह भी कुछ सौ रुपये के, इससे ज्यादा और कुछ नहीं। ऐसी है मेरी प्यारी मां।

खेलों में जीत और विज्ञापनों ने मेरे सपनों को भी साकार किया है। वर्ष 2010 में मैंने अपनी अकादमी की ठीक बगल में अपने लिए एक मकान लिया। मेहनत-परिश्रम करने के बाद अगर कोई अपना आशियाना खरीदे तो कितना अच्छा लगता है। आज मेरे पास तीन घर हैं। दो हैदराबाद में और एक गुड़गांव में। अपने परिवार के साथ मैं एक शांत कॉलोनी में रहती हूं। जब हमारा फ्लैट तैयार हो गया, तो हम पूजा कराने के बाद उसमें प्रवेश कर गए। पूजा-पाठ पापा ने ही किया था। गृह प्रवेश पर न कोई बड़ी तैयारी और न ही कोई बड़ा आयोजन हुआ। पापा-मम्मी कुछ इसी तरह का प्रवेश चाहते भी थे। शांति और सुकून भरा गृह प्रवेश।

वैसे हमारे पड़ोसी भी बहुत विनम्र हैं और हमें हमारी जगह देते हैं। स्वतंत्रता दिवस के दिन अगर हमें ज्यादा जगह की जरूरत होती है, तो वे इसमें हमारी मदद करते हैं। पड़ोसियों ने हमारी निजता का हमेशा सम्मान किया है, पूरा ख्याल भी रखा है।

अपनी कार खरीदने से पहले मैं पब्लिक ट्रांसपोर्ट का उपयोग करती थी। मेरा एक ऑटो ड्राइवर था, जो हमेशा एक निश्चित समय पर मेरा

इंतजार करता और मुझे स्टेडियम ले जाता व घर छोड़ता। उसी के कारण कहीं भी आने-जाने में मुझे कोई परेशानी नहीं हुई। अपने ऑटो के अंदर उसने मेरे कई फोटोग्राफ चिपका रखे थे। बाद में मेरे पास अपनी गाड़ी भी हुई। मेरी पहली कार मारुति 800 थी। उसके बाद हमने होंडा सिटी खरीदी और अब बीएमडब्ल्यू एक्स-6 चलाती हूं। समय के साथ चीजें बदलीं।

हालांकि सेलिब्रिटी होने का एक खराब पहलू भी है। अब मैं इतनी व्यस्त रहती हूं कि कुछ पल रुककर अपनी जिंदगी जीने का भी मौका नहीं मिलता। कभी-कभी मुझे ऐसा लगता है कि मैं देश की सिपाही हूं। प्रशिक्षण और खेल में किसी भी तरह की ढिलाई आज के दिन में क्षम्य नहीं है। इसके अलावा भी कई छोटी-मोटी मुश्किलें हैं। जैसे मुझे अगर किसी मल्टीप्लेक्स में कोई फिल्म देखनी हो, तो फिल्म शुरू होने से कुछ मिनट पहले बगल के दरवाजे से घुसना पड़ता है और फिल्म समाप्त होने से पहले ही निकल जाना होता है। हालांकि अब टिकट लेना आसान है, क्योंकि मैं मैनेजर को जानती हूं। लेकिन मैं फिल्म समाप्त होने के बाद हॉल के आसपास रुक नहीं सकती। पिछली बार ऐसा हुआ था, तो मेरी कार तक लोगों की भीड़ इकट्ठा हो गई थी। मुझे लोगों को ऑटोग्राफ देने के लिए और उनके साथ फोटो खिंचवाने के लिए रुकना पड़ा था। हालांकि मैं इसे बुरा नहीं मानती, लेकिन जब चारों ओर भीड़भाड़ और शोरगुल हो, तो फोटो के लिए मुस्कराना आसान काम नहीं होता।

पहले मेरे ध्यान में सिर्फ-और-सिर्फ प्रशिक्षण और खेलना भर था, लेकिन आज के दिन में मुझे लगता है कि मेरी प्रसिद्धि उसी खेल का एक हिस्सा है और मेरे आगे बढ़ने का भी। इसलिए इसके बारे में मैं कोई शिकायत नहीं कर सकती। मैं अलग-थलग रहने वाली लड़की नहीं हूं और मुझे लोगों का साथ बहुत पसंद है। लोग अकसर पूछते हैं कि टेनिस खिलाड़ी सानिया मिर्जा क्या मेरी दोस्त हैं या कोई अन्य खिलाड़ी मेरा दोस्त है? हां, हम खिलाड़ियों में आपस में दोस्ती है। खेल से पहले और बाद में हम लोग एक-दूसरे को शुभकामनाएं देते हैं। बैठकर बातें भी करते हैं।

हैदराबाद से होने के कारण मैं सानिया से सबसे ज्यादा मिली हूं, शायद किसी भी अन्य खिलाड़ी से ज्यादा। महेश भूपति दोस्त हैं और उनकी कंपनी ने कुछ समय के लिए मेरे एकाउंट का प्रबंधन किया है। 'डेक्कन क्रॉनिकल' जिसकी अपनी आईपीएल टीम भी रही है, का ब्रांड एंबेसेडर

होने के नाते मैं क्रिकेट पर भी ध्यान देती हूं। हालांकि डेक्कन के सारे मैच मैं स्टेडियम में जाकर नहीं देख पाई हूं, लेकिन डेक्कन चार्जर्स टीम से मिल चुकी हूं। एंड्रयू साइमंड और एडम गिलक्रिस्ट से मिलकर मुझे ऐसा लगा कि किसी का मनोबल बढ़ाने में इन दोनों का कोई सानी नहीं है। पूरी टीम की सकारात्मक क्षमता और हर स्थिति में जीत सकने का भाव, खेल में भाईचारा जैसी बातें मुझे छू जाती हैं। जिस कंपनी में ऐसे खिलाड़ी हों, उससे जुड़कर मुझे गर्व होता है। अफसोस, अब वह टीम नहीं है।

बात सिर्फ खिलाड़ियों की ही नहीं है। बॉलीवुड सितारों का भी मुझे पर्याप्त समर्थन प्राप्त है। वर्ष 2009 में जब मैंने एक के बाद एक लगातार तीन टूर्नामेंट जीते, उस वक्त पूरा बॉलीवुड परिवार मेरी प्रशंसा और हौसला अफजाई में आगे आया था। कई सारे ट्वीट और शुभकामना संदेश मुझे मिले। मैं अपने पसंदीदा स्टार शाहरुख खान से एक बार मिलते-मिलते रह गई। मौका था वर्ष 2009 में 'एनडीटीवी स्पोर्ट्सपर्सन ऑफ द ईयर' पुरस्कार प्राप्त करने का। दुर्भाग्यवश मैं किसी टूर्नामेंट के लिए बाहर थी और पापा को मेरी जगह पर दिल्ली में पुरस्कार लेने जाना पड़ा। इसलिए मेरे पसंदीदा स्टार से मिलने का मौका मेरे पापा को ही मिला, मुझे नहीं।

मेरे लिए बॉलीवुड का सबसे खास मौका वह प्रदर्शनी रही, जिसमें गोपी सर की जीवनी 'पुलेला गोपीचंद : द वर्ल्ड बिनीथ हिज फीट' का विमोचन होना था। उस कार्यक्रम में बॉलीवुड के महान अभिनेता आमिर खान से मुझे आमने-सामने मिलने का मौका मिला। वह मेरी प्रशंसा में बोलते रहे और मैं उन्हें चुपचाप सुनती रही।

आमिर खान ऐसे अभिनेता हैं, जो खेल को पसंद करते हैं। राष्ट्रमंडल खेलों के बाद मेरे खेल को वह और ज्यादा पसंद करते हैं। उस खेल आयोजन के बाद उन्होंने जब यह कहा था कि मुझे तुम पर नाज है, तो यह सुनना मेरे लिए बड़ी बात थी। गोपी सर से जुड़ी उस प्रदर्शनी के बाद हम लोगों ने एक खेल आयोजन में हिस्सा लिया था, जिसमें मैं और आमिर एक टीम में थे और विरोधी टीम में गोपी सर और अपर्णा पोपट शामिल थे। अभी हाल में एक मैच जीतने के बाद अमिताभ बच्चन ने मुझे ट्वीट किया था। एक ऐसे स्टार, जिनकी प्रशंसा करते हुए मैं बड़ी हुई हूं, की ओर से संदेश पाकर मुझे बहुत प्रसन्नता हुई। मुझे तब और खुशी होती है, जब लोग यह कहते हैं कि साइना तुम नंबर-वन बनने की क्षमता रखती

हो। यह बात मुझे और ज्यादा परिश्रम करने को प्रोत्साहित करती है और मैं अपने लक्ष्य पर ध्यान लगाए रखती हूं।

हमारे देश में खेल बिरादरी और बॉलीवुड के बीच अच्छे संबंध हैं, इसलिए मुझे जो भी संदेश मिलते हैं, मैं उनका जवाब जरूर देती हूं। खिलाड़ियों और अभिनेताओं में कई सारी समानताएं हैं। हम लोग कड़ी मेहनत और परिश्रम करते हैं। अंतर तो सिर्फ जिस तरह की जिंदगी जीते हैं, उसी में है। किसी खास कार्यक्रम या फिर विज्ञापन की शूटिंग के वक्त मुझे अभिनेताओं से मिलने का मौका मिलता है, जिससे बहुत खुशी मिलती है और यही वह खुशी होती है, जिसको पाने की चाहत सबकी होती है।

साइना बताती हैं कि बैडमिंटन के अलावा उनकी अन्य खेलों में भी पूरी दिलचस्पी है। जैसे...

**स्केचिंग :** बचपन में मुझे स्केचिंग से बहुत लगाव था। ड्राइंग प्रतियोगिता में मैं एक बार अपने स्कूल का राष्ट्रीय स्तर पर नेतृत्व कर चुकी हूं। अभी भी कभी-कभार मैं स्केचबुक उठाती हूं, लेकिन समयाभाव के कारण स्केचिंग पर ज्यादा ध्यान नहीं दे पाती।

**म्यूजिकः** वैसा म्यूजिक, जो आनंददायक हो। मैं अकसर बॉलीवुड के ताजा हिट गानों को सुनती हूं।

**पढ़नाः** मैं पढ़ना पसंद करती हूं, लेकिन ऐसा जल्दी में ही हो पाता है। फिल्म पत्रिकाओं में 'फिल्मफेयर' और 'स्टारडस्ट' पढ़ना पसंद है। साथ ही कॉमिक्स किताबों में 'टॉम एंड जेरी' हमेशा से पसंद रही है। इसके अलावा स्पोर्ट्स, दर्शन, स्वसहायता और योग पर आधारित किताबें भी मैं पढ़ती रहती हूं। ज्यादातर समय यात्राओं में ही गुजरता है, इसलिए पढ़ने का मौका मिल जाता है। रोज का अखबार पढ़ते वक्त मैं सबसे पहले खेल पेज पर जाती हूं, उसके बाद सुडोकू देखती हूं।

**फिल्मः** मैं बॉलीवुड प्रेमी हूं और नई रिलीज फिल्मों को हमेशा देखती हूं। आजकल मैं अकादमी के साथियों के साथ सिनेमा देखने जाती हूं। पसंदीदा फिल्मों में टॉप पर 'दिलवाले दुल्हनिया ले जाएंगे' है। मैं पांच साल की थी, जब यह फिल्म रिलीज हुई थी। मुझे यह भी याद है कि मेरी चचेरी बहन की शादी में इस फिल्म के गाने बजे थे। बहुत जल्द इसके गाने चारों ओर सुनाई देने लगे। बाद में मैं अबु के साथ यह फिल्म देखने गई और अब तक लगभग सौ बार देख चुकी हूं। आज भी जब-तब

इसे मैं देखती रहती हूं। 'हम आपके हैं कौन' भी हमारी यादगार फिल्म है, क्योंकि हिसार में पूरे परिवार के साथ हमने यह फिल्म देखी थी। अगर मुझे ठीक से याद हो, तो पापा ने तब अंतिम बार किसी सिनेमा हॉल में फिल्म देखी थी।

**सेलफोनः** मुझे हर समय सेलफोन की जरूरत होती है। हालांकि मेरे पास एक से ज्यादा फोन हैं, लेकिन मैं सबसे ज्यादा आईफोन का उपयोग करती हूं। इसके अलावा नोकिया एन 7, एन 8 और लूमिया भी है। मेरे पास मैकबुक का लैपटॉप भी है, जिस पर मैं अपने पुराने मैच देखती रहती हूं। मेरे आईपैड में बहुत कुछ है, जैसे मेरे पसंदीदा मैच, फ्रूट निंजा, एंग्री बर्डस, सूमो रेसलिंग, टॉकिंग टॉम आदि।

बहरहाल, साइना नेहवाल अब अपने उस पुराने और खराब वक्त से उबर चुकी हैं और पूरी तरह से पेशेवर खिलाड़ी बन चुकी हैं। सारी दुनिया घूम चुकी हैं, खूब पैसा भी कमा रही हैं और यश भी। साथ ही दुनिया की टॉप बैडमिंटन सुपरस्टार भी तो हैं नंबर-वन खिलाड़ी।

# 8. चोटिल साइना

आज से करीब 12 साल पहले यानी 2003 में साइना ने अपनी पहली विदेश यात्रा की। जहां उसी साल चेकोस्लोवाकिया में उसने 'जूनियर ओपन' का खिताब भी जीता। जब वहां से दिल्ली वापस आईं तो भारत में चेकोस्लोवाकिया के राजदूत ने खुद साइना की अगवानी की। वह 13 साल की उस बालिका से मिलने को बेताब थे, जिसने छोटी-सी उम्र में इतना बड़ा खिताब जीता था। उन्हीं दिनों पूरे देश में यह संदेश फैल गया था कि साइना नेहवाल देश के खेल जगत की उभरती हुई स्टार खिलाड़ी है और इसमें कोई दो राय नहीं है। इसी के साथ ही साइना नेहवाल का चयन भारत की 'उबेर कप टीम' में भी कर लिया गया।

जहां तक साइना की पढ़ाई का सवाल है, वह इस मामले में पिछड़ती जा रही थी, क्योंकि खेल के कारण वह स्कूल जा नहीं पा रही थी। इसी को ध्यान में रखते हुए उस स्कूल के शिक्षकों ने साइना नेहवाल के पिताजी से मिलकर गुजारिश की कि वे साइना को घर में आकर पढ़ा दें ताकि वह दसवीं कक्षा में आसानी से पास हो जाए। यह काम भी हुआ और किसी भी तरह से वह परीक्षा देने में कामयाब हो गई, जिसने 65 प्रतिशत अंकों के साथ वह सफल भी रही।

साइना नेहवाल अपने खान-पान को लेकर पहले बहुत सतर्क रहती थी, लेकिन अब वह जब से नॉनवेज खाने लगी है, तब से बहुत ऊर्जावान और फुर्तीली भी हो गई हैं। हालांकि कभी-कभी चोटिल भी हो जाती हैं, लेकिन फिर भी वह पूरे दम से खेलती हैं, पूरी मेहनत से खेलती हैं। अपने खान-पान में हुए या होने वाले बदलाव को लेकर वह थोड़ा संकोच करते हुए बताती हैं, मेरी विदेश यात्राओं ने मेरे अंदर एक और बड़े बदलाव को अंजाम दिया–मेरे खान-पान में। मैंने जब अपना प्रशिक्षण शुरू किया तो मेरा ध्यान मेरी डाइटिंग पर बिलकुल नहीं था। मतलब, मम्मी ने जो

भी खाना बना दिया, उसे ही खा लिया करती थी। उनके हाथ का बना आलू-परांठा मुझे सबसे ज्यादा पसंद है। एक तो प्रशिक्षण के दौरान ऐसे ही बहुत भूख लगती है, ऐसे में घर लौटते ही कुछ ज्यादा खाने की ललक उठती। जब मैंने गोपी सर के साथ प्रशिक्षण शुरू किया, उन्होंने मुझे बताया कि क्या-क्या चीजें खाना खेल के हिसाब से उचित रहेगा। एक वाकया मैं यहां याद दिलाना चाहती हूं। तब मैं 16 साल की थी, जब हम चीन के दौरे पर थे। हम वहां शाकाहारी भोजन की तलाश कर रहे थे। गोपी सर ने मुझे कहा कि मांस खाने पर भी ध्यान देना चाहिए। उनका कहना था कि तंदुरुस्ती के स्तर पर चीनी हम भारतीयों से बहुत आगे हैं, इसलिए अगर हम उनसे मुकाबला करना चाहते हैं, तो हमें उनके जैसे खान-पान पर ध्यान देना होगा। मांस इस मामले में सही विकल्प है, क्योंकि इसमें बहुत मात्रा में प्रोटीन पाया जाता है। जैसा कि हम सबको पता है, खिलाड़ियों को डाइट में प्रोटीन की सबसे ज्यादा जरूरत होती है।

इसे देखते हुए मैंने पहली बार चिकन के एक टुकड़े को आजमाया। तब मैंने खाया तो थोड़ा ही था, लेकिन मुझे बहुत पसंद आया। उसके बाद मछली और चिकन मेरे डाइट के प्रमुख स्त्रोत बन गए। मैं रेड मीट की बहुत ज्यादा शौकीन तो नहीं, लेकिन मुझे चिकन पसंद है। मेरे साथ एक परेशानी मेरा वजन बढ़ने की भी है। इसमें आलू का परांठा भी बहुत हद तक जिम्मेदार है, इसलिए मैंने इसके साथ मिल्कशेक, नान, पनीर, बटर मसाला, जलेबी खाना छोड़ दिया। मम्मी बहुत स्वादिष्ठ परांठा बनाती हैं, जो मुझे किसी विशेष मौके पर ही मिलता है। रोजाना के भोजन में मैं अपने डाइट का बहुत ध्यान रखती हूं और बिना तेल के घर में बना खाना ही खाती हूं।

खान-पान में इस तरह के बदलाव मेरे लिए मुश्किल थे, लेकिन मैं एक महत्त्वाकांक्षी लड़की हूं और मेरे लिए मेरा लक्ष्य सर्वोपरि रहा है। भोजन में प्रोटीन लेना जरूरी था, इसलिए मैंने चिकन को अपनाया। कह सकते हैं कि मुझे दुनिया में नंबर-वन बनाने में इसी तरह के विशेष खान-पान का योगदान रहा।

साइना साफ और स्पष्ट तौर पर प्रशिक्षण के दौरान और टूर्नामेंट के दौरान अपनी डाइट के बारे में बताती हैं, 'सुबह जगने के बाद मैं एक गिलास दूध लेती हूं। इसके बाद नाश्ते में अंडे की सफेदी और ब्राउन

ब्रेड लेती हूं। सुबह के प्रशिक्षण से पहले और उसके बाद प्रोटीन शेक लेती हूं। दिन के भोजन में दो रोटी, इससे ज्यादा कभी नहीं, दाल, सब्जी, उबला चिकन और लस्सी। शाम के प्रशिक्षण से पहले और बाद में फिर एक गिलास प्रोटीन शेक। रात का खाना दिन की तरह ही, लेकिन रोटी सिर्फ एक, दो नहीं।

कभी पसंद से कुछ ज्यादा खाने का मन हुआ तो बेसन कढ़ी, आलू-गोभी, आलू-मटर, आलू-शिमला मिर्च या कुछ भी, जिसमें आलू मिला हो मुझे अच्छा लगता है। अगर दोनों समय के भोजन के बीच मुझे भूख-सी लगती है, तो फ्रूट या फ्रूट चाट लेती हूं। कभी-कभी इसमें भुजिया होती है, खासकर आलू भुजिया।

रविवार के दिन तो मुझे जो कुछ भी पसंद होता है, वही खाती हूं। सही बात तो यह है कि इतने वर्षों तक एक खास डाइट पर रहते-रहते इसकी आदत बन गई है। फिर भी परांठा या नान और पनीर बटर मसाला मेरी थाली में अकसर दिख जाते हैं। जैसा कि मैंने पहले कहा है, कोई टूर्नामेंट जीतने के बाद मैं आइसक्रीम से इसे सेलीब्रेट करती हूं। जब मैं घर पर होती हूं तो खाने में कुछ खास करती हूं, जैसे चारमीनार की जलेबी और काजू की बर्फी का स्वाद लेना। इसके अलावा मम्मी के हाथ की दूध से बनी चाय। हालांकि मैंने कैपचीनो लेना भी शुरू कर दिया है, लेकिन मम्मी की चाय को मैंने कभी मना नहीं किया।

टूर्नामेंट के दौरान प्रशिक्षण कम हो जाता है। ऐसे में जब मैं कभी भोजन नहीं ले पाती, तो फिर इसकी जगह पर प्रोटीन शेक ही ले लेती हूं। हो सकता है आप लोग यह सोचें कि भोजन के नाम पर प्रोटीन शेक से कैसे काम चलाया जा सकता है, लेकिन यह बात सही है। आप कभी सोयाबीन फ्लेवर या वनीला या स्ट्रॉबेरी शेक अपनाकर देखें। वास्तव में शेक के नाम पर मैंगो फ्लेवर अच्छा नहीं होता और मैं इसे लेती भी नहीं। विदेश यात्राओं के दौरान मैं थाई फूड ही पसंद करती हूं, यह मेरा पसंदीदा भोजन है। इसलिए जिन-जिन देशों में मेरा जाना होता है, वहां के सबसे अच्छे रेस्तरां में जाकर थाई फूड खाने का प्रयास करती हूं। रेस्तरां में सादा चावल और चिकन के साथ कटे हुए नारियल का मैं ऑर्डर देती हूं। यह खाना बिलकुल हल्का, स्वाद से भरपूर और मेरी अपनी खास पसंद का होता है।'

अपने कैरियर के शुरुआती वर्षों को याद करके वह बहुत खुश होती दिखती हैं। कभी दुःखी भाव से कहती भी हैं कि साल-दर-साल गुजरने के साथ ही खेल में मेरा सामना शीर्ष के कई खिलाड़ियों से होता चला गया। खेल के दौरान कभी-कभी यह आसान-सा लगता, क्योंकि विरोधी खिलाड़ी का खेल और उसकी स्टाइल पकड़ में आ जाती। लेकिन उस समय यह ज्यादा मुश्किल हो जाता है, जब आपकी सभी तकनीक को आपका विरोधी खिलाड़ी भी पहले से जानता-समझता है। इसलिए खेल के बाद खेल और टूर्नामेंट-दर-टूर्नामेंट हम अपने खेल को ज्यादा-से-ज्यादा सुधारने पर जोर दिया करते हैं।

व्यक्तिगत तौर पर मैं टॉप के 25 खिलाड़ियों को बराबर का प्रतिस्पर्धी मानती हूं। किसी भी दिन इनमें से कोई एक खिलाड़ी बाकी खिलाड़ियों को मात दे सकता है और तब रैंक महज नंबरों में सिमटकर रह जाता है। यह मेरे लिए गर्व की बात है कि मैंने इन सबको कम-से-कम एक बार तो मात दिया ही है, सिवाय वांग यिहान के। चीनी खिलाड़ी वर्षों से मेरे चिर प्रतिद्वंद्वी रहे हैं और यह बात मैं स्वीकार करती हूं कि जब भी मैं यिहान से मुकाबले में उतरती, तब अन्य खिलाड़ियों की तुलना में मेरे ऊपर कुछ ज्यादा ही दबाव रहता। उनके साथ के ज्यादातर मुकाबले कांटे के रहे हैं।

सच तो यह है कि अगर अब वर्ष 2014 तक दुनिया की नंबर-वन खिलाड़ी नहीं बन सकी, तो इसका कारण भी यिहान ही हैं। हालांकि उनके साथ खेलते हुए मुझे आनंद की भी अनुभूति होती रही है–आशा है बहुत जल्द किसी दिन मैं उन्हें मात दूंगी।

कोई मैच जीतना आनंद भर देने वाला होता है, लेकिन हारने का मतलब कि हमें फिर से पुरजोर तैयारी की जरूरत होती है। जैसा कि मेरी मम्मी कहती है, जीतना और हारना किसी सिक्के के दो पहलू कभी नहीं होते, इन दोनों में से कोई एक ही होगा, दोनों एक साथ कभी नहीं होते। जब कभी मैं कोई मैच हारती, तो इससे उबरने में मुझे कुछ समय लगता। ऐसी स्थिति में हम सब लोग कुछ-न-कुछ सलाह भी देते, लेकिन मैं सिर्फ अपने कोच और सहयोगियों की बातों पर ही ध्यान देती। मेरे खेल विश्लेषक मोहम्मद मख़दूम मेरे सारे खेल को हैंडीकैम पर रिकॉर्ड करते हैं। 2010 से वह मेरे साथ हैं और मेरे खेल विश्लेषण में उनका बहुत ज्यादा योगदान रहा है। कोर्ट पर विरोधी खिलाड़ी के विरोध में मेरे सभी शॉटों पर

वह ध्यान देते हैं। हरेक खेल में मेरी कहां चूक रही, मेरा प्रतिद्वंद्वी किस शॉट पर मुझसे आगे रहा और मुझे उसके लिए क्या करना है, इसका वह बड़ी बारीकी से विश्लेषण करते हैं। जैसा कि आप लोग देखते होंगे कि ये सारी प्रक्रियाएं किसी एक मैच के समाप्त होने के साथ ही समाप्त नहीं हो जातीं। मैच खत्म होने के बाद मंथन का दौर होता है, जिसमें अपनी कमजोर कड़ियों और गलतियों को पकड़ा जाता है और उससे उबरने के लिए बहुत कुछ नया सीखा जाता है। मैच के वीडियो को मैं अकसर देखती रहती हूं, लेकिन प्रायः समाचार चैनल और अखबारों से दूर रहती हूं।'

वह आगे बताती है कि अगर आप एक खिलाड़ी हैं तो चोट से दूर रहना तो नामुमकिन-सा है। हां, अगर आपको इससे बचना है, तो अपने कैरियर के दौरान ज्यादा-से-ज्यादा इससे निबटने पर ध्यान देना होगा। जनवरी, 2009 में मुझे पहली चोट लगी। मेरे कंधे में इस कदर पीड़ा थी कि उस साल मुझे सीनियर नेशनल्स भी छोड़ देना पड़ा। चोट से उबरने में मुझे महीनों लग गए, तब मैंने महसूस किया कि इस तरह की पीड़ा कितनी बुरी हो सकती है। मुझे दर्द में ही खेलना पड़ता और यह काम बहुत-बहुत ज्यादा मुश्किल था। दोबारा, वर्ष 2010 में 'हांगकांग सीरीज' खेलने के दौरान भी मेरे पैर में खिंचाव आ गया। पीड़ा लगातार बढ़ती गई और पांव में सूजन भी आ गई। हालांकि मैं मैच तो जीत गई, लेकिन ऐसी चोट को झेल लेना आसान नहीं था।

जब हम टूर्नामेंट खेलते हैं तो यह लगातार होता है, वह भी बिना किसी ब्रेक के। कभी-कभी तो ऐसा हो जाता है कि खेल के कारण चोट से उबरने का भी मौका नहीं मिलता। वह चोट ठीक भी नहीं हो पाती है।

चोट के हिसाब से देखें, तो सन् 2011 सबसे बुरा साल रहा। दिसंबर, 2010 में मेरे टखने में चोट आ गई, जिस कारण मैं मैच भी नहीं खेल पाई। सबसे ज्यादा परेशान करने वाली बात यह रही कि 2010 के मास्टर्स सुपर सीरीज फाइनल में मुझे दूसरी बार खेलने का आमंत्रण मिला, लेकिन मैं चोट के कारण टूर्नामेंट में नहीं पहुंच पाई। किसी टूर्नामेंट में प्रवेश पाना तो ऐसे ही बड़ा काम है और उसमें भी अगर इससे बाहर होना पड़े, तो इससे बुरी बात क्या हो सकती है। ऐसे में मास्टर्स सुपर सीरीज में भाग नहीं लेने पर मुझे उल्टे पांच हजार अमेरिकी डॉलर का जुर्माना चुकाना पड़ गया।

जनवरी, 2011 में भी एक टूर्नामेंट मुझे छोड़ना पड़ गया और अंततः

उसी साल फरवरी में मैंने दोबारा रैकेट फिर से थामा। अगले छह महीने तक मैंने टखने में टेप बांधकर काम किया। इस कारण कोर्ट पर आसानी से दौड़ना मेरे लिए मुश्किल था। जैसा कि पहले से मुझे उम्मीद थी, मेरा प्रदर्शन अच्छा नहीं रहा और खेल बहुत निराशाजनक रहा।

टखने में दर्द वैसे ही बना रहा और सभी प्रयासों के बावजूद मैं इससे उबर नहीं पाई। भावनात्मक तौर पर भी मुझे बहुत धक्का लगा। जब भी मैं टेप हटाती, मेरा टखना पहले की स्थिति में ही दिखता। इस परेशानी से उबरने में मुझे एक साल लग गया। ऐसे समय में मुझे एक ऐसे प्रशिक्षक की जरूरत थी, जो मेरे टखने को सही स्थिति में ले आ सके और मेरे दिमाग में बैठे दर्द की यादों से मुझे मुक्त करा सके।

यही नहीं, उसी साल कुछ महीने बाद ट्रेडमिल पर दौड़ते हुए मैं गिर पड़ी और घुटने में चोट खा बैठी। इसकी पीड़ा इतनी असह्य थी कि मैं अपना घुटना मोड़ नहीं पा रही थी। आने वाले महीनों में मुझे तीन टूर्नामेंट खेलने थे– थाईलैंड ओपन, सिंगापुर ओपन और इंडोनेशिया ओपन। इनके क्वार्टर फाइनल, सेमीफाइनल और फाइनल में मुझे पहुंचना था। लेकिन मैं बहुत दर्द में थी। मुझे रोज पट्टी बदलनी होती और कभी-कभी तो चमड़ी भी उधड़ जाती।

वह बताती है कि जब मैं कोर्ट पर थी, तो खेलते वक्त घुटना मोड़ना असंभव-सा था। मेरा इस पर ध्यान भी कम ही जाता था। मैच खत्म होने के बाद तो और भी जादा परेशानी होती। मेरी इन परेशानियों पर प्रेस में छपी बातों पर ध्यान दें, तो सुनने में अचरज से कम नहीं होगा। खबरों में यह लिखा होता कि मेरे किसी विश्वस्त सूत्र ने जानकारी दी है कि मैं स्कूटी से गिर गई हूं, जबकि यह ऐसी सवारी रही है, जिसे मैंने कभी नहीं आजमाया। मेरे पास स्कूटी प्रकरण पर जानकारी लेने के लिए कई फोन कॉल भी आते। अकसर ऐसे सवाल भी पूछे जाते, 'क्या आप दोबारा मैच जीतेंगी' या 'लोगों का कहना है कि आप अच्छा नहीं खेल रहीं, इस पर आपका क्या कहना है?' लेकिन पलटकर जब मैं प्रेस वालों से पूछती कि 'किन लोगों का ऐसा कहना है जरा बताएं।' इस पर उनके पास कोई जवाब नहीं होता। जब कभी मैं मैच जीतती तो मीडिया का सवाल होता, 'आपने यह मैच कैसे जीता, क्या विरोधी खिलाड़ी का आज दिन अच्छा नहीं था।?' ऐसे में मेरा जवाब होता, 'मैं इसलिए जीती, क्योंकि मेरा खेल

अच्छा रहा।' ऐसे में एक चतुराई भरी मुस्कान से मेरा स्वागत होता, तब मैं खूब हंसती थी।

हालांकि इस तरह की बातें असंवेदनशील थीं, लेकिन हमारे जैसे खिलाड़ियों को बताया गया था कि इन बातों का हमें आदी हो जाना चाहिए। लेकिन इस तरह की हाजिरजवाबी का कोई आदी कैसे हो सकता है। कभी-कभी मैं खुद को भी यही समझाती थी कि मैं अपने बारे में सबको यों ही कुछ नहीं बताया करूंगी। मीडिया या अन्य को इंतजार करना और देखना पड़ेगा, बाद में मेरा खेल उन्हें खुद-ब-खुद जवाब दे देगा।

वैसे वर्ष 2011 में शुरू से लेकर अंत तक टूर्नामेंट जीतने के लिए मुझे बहुत संघर्ष करना पड़ा और इसमें मीडिया कवरेज ने निश्चित तौर पर कोई मदद नहीं की। इस दौर में मेरा प्रयास यही रहा कि फाइनल न सही, कम-से-कम क्वार्टर और सेमीफाइनलस के क्वालीफाइंग राउंड तक पहुंच जाऊं। लेकिन यह मेरी जिंदगी का सबसे बुरा दौर था। साढ़े तीन साल तक ऊंचाई पर चढ़ने के बाद उस दौर में मैं सबसे निचले पायदान पर आ पहुंची थी। अंततः मैं उसी साल दिसंबर में 'बैडमिंटन वर्ल्ड फेडरेशन सुपर सीरीज मास्टर्स' के फाइनल में पहुंची। हालांकि मैच के तीन सेटों में मैं दुनिया की नंबर-वन वांग यिहान के हाथों हार गई, बावजूद इसके उस नए सत्र में बिना किसी चोट के बेहतर प्रदर्शन के लिए मेरे अंदर आशा जगी।

वैसे भी हम खिलाड़ियों के लिए बीमारी के नाम पर छुट्टी जैसी कोई बात नहीं होती। हमें हर हाल में खेलना होता है, क्योंकि देश के लोग हमारी ओर नज़रें लगाए होते हैं, देश और देश के लोग गर्व के तौर पर हम पर निर्भर होते हैं। इसलिए हमें हर हाल में चुस्त-दुरुस्त रहना होता है। मैं किसी भी सूरत में असंयमित नहीं हो सकती और खेल अनुशासन के विरुद्ध नहीं जा सकती, क्योंकि बाद में इसका खामियाजा भुगतना पड़ता है। चिकन पॉक्स और गंभीर चोटों से उबरने के बाद मुझे लगातार एक सप्ताह तक खेलना था। मुझे याद है कि 'फ्रेंच ओपन' के क्वार्टर फाइनल मैच के दौरान भी मैं वायरल बुखार से जूझती रही थी। तब मैं बहुत तकलीफ में थी।

इस कारण मैं कुछ बेदम-सी हो गई थी। आगे गति बनाए रखना मुश्किल-सा जान पड़ रहा था। हालांकि मेरे प्रशिक्षण का दौर बिलकुल नहीं थमा था। चूंकि मुझे वज़न बढ़ने की परेशानी है, इसलिए मेरे दिमाग

में हमेशा यह बात रहती थी कि मैं ऐसा कुछ नहीं खाऊं, जो मेरी डाइट के अनुसार न हो। इतना कुछ होने के बाद यह आलोचना सुनना कि 'वह अपने बुरे दौर में है', मुझे हमेशा परेशान करता रहता था।

साइना बताती है कि कैरियर के शुरुआती दिनों में अखबार या टीवी में खुद के बारे में पढ़ना या देखना मुझे बहुत दिलचस्प लगता। खासकर तब जब मीडिया में मेरे बारे में प्रशंसा के पुल बांधे जाते, जैसे–'साइना इतिहास लिखने की ओर' या 'सुपर साइना' तो यहां हैं। लेकिन साल गुजरने के साथ इसमें बदलाव आते गए। अब स्थिति यह है कि अपने बारे में कुछ पढ़ने से पहले सोचना पड़ता है। अखबार पढ़ना तक छोड़ दिया और अब इस पर भी गौर नहीं करती कि लोग मेरे बारे में क्या कह रहे हैं, क्या लिख रहे हैं। लेकिन कर ही क्या सकते हैं, जब अपने बारे में इतनी बातें बाहर तैर रही हों, तो इसे दरकिनार करना भी संभव नहीं। कुछ भी हो, इन बातों को किनारे रख अपने काम पर ध्यान देना, उसमें सुधार लाना, चोट से उबरने का ख्याल रखना और उचित खान–पान लेना ही सही लगने लगा। वैसे सच्चाई तो यह है कि अपने देश में खिलाड़ियों के बारे में भी ऐसे लिखा जाता है, जैसे– वह मेरे लिए सबसे बड़ी चुनौती हों। वे मेरे लिए चुनौती क्यों होंगे?

साइना नेहवाल यह बताते भी संकोच नहीं करती है कि उसके सूटकेस में क्या होता है। वह बताती है, जहां तक कपड़ों की बात है तो सूटकेस में ज्यादातर वैसे ही कपड़े होते हैं, जो मुझे खेल कोर्ट में पहनने होते हैं। हरेक टूर्नामेंट के लिए मैं कम–से–कम अठारह कपड़े पैक करती हूं। एक दिन में तीन कपड़ों की जरूरत पड़ती है। एक पहनावे में एक जोड़ा शॉर्ट्‌स, एक टी–शर्ट, अंडरगारमेंट्‌स और एक जोड़ी जुराबें आती हैं। प्रशिक्षण और मैच के दौरान पसीना बहुत आता है, इस हिसाब से एक दिन में तीन पहनावा लेना जरूरी–सा हो जाता है, क्योंकि पसीने से कोई परेशानी न हो, इसलिए कपड़े बदलते रहना जरूरी है। इन कपड़ों के अलावा अपने जूते भी होते हैं। बैडमिंटन खेलने के लिए मैं जापान में बने योनेक्स के जूते ही उपयोग में लेती हूं। सामान्यत: हरेक टूर्नामेंट से पहले योनेक्स की ओर से मुझे ऑन–कोर्ट आउटफिट का एक सेट मिलता है। यह कंपनी बैडमिंटन के साजो–सामान बनाती है और मेरी प्रायोजक कंपनी भी यही है।

खेल से अलग मेरा जो वार्डरोब है, वह कोई बहुत बड़ा नहीं है। इसमें

कुछ कैजुअल कपड़े, सैंडल, शाम को पहनने वाला एक फॉर्मल कपड़ा और अपनी पसंद के परफ्यूम की एक बोतल होती है। मैं टॉयलेट किट और कई सारे हेयरक्लिप भी साथ लेकर चलती हूं। इसके अलावा मेरी कुछ दवाइयां और फूड सप्लीमेंट भी होते हैं, जिनकी जरूरत समय के अनुसार होती है। अगर सर्दियों के दिनों में मुझे कहीं जाना हो, तो सूटकेस में कुछ गर्म कपड़े, जैसे– स्वेटर, स्कार्फ, जैकेट, ओवरकोट और मंकी कैप पैक करती हूं।

मेरे बैडमिंटन किट में 10–12 रैकेट, शटल के 3–4 बॉक्स, एक स्किपिंग रोप और तौलिया होता है। मेरे बैकपैक में लैपटॉप, किताबें, पासपोर्ट और आईपैड होता है। भारत में बैडमिंटन को लोकप्रिय बनाने के लिए मैंने बहुत परिश्रम किया है और मैं उस दिन का इंतजार नहीं कर सकती है कि कब भारत की टीम दुनिया की सभी टीमों को मात दे। मैं तो बस इसी प्रयास में ही रहती हूं कि बैडमिंटन की दुनिया में भारत भी महाशक्ति बने।

एक समय ऐसा भी था, जब साइना अपने साथ बनाया हुआ शाकाहार खाना लेकर चलती थी, लेकिन अब जबसे नॉनवेज खाने लगी है, तब से शाकाहार लेकर चलना कुछ कम जरूर हो गया है। इसलिए किसी भी समय कहीं भी जाने से पहले मेरे तीन बैग हमेशा तैयार रहते हैं। वैसे तो मेरे सामान का कुल वजन 30 किलो तक ही होता है, लेकिन सर्दियों में गर्म कपड़ों की वजह से वजन बढ़ जाता है और मुझे उस बढ़े वजन का भी किराया अदा करना पड़ता है।

# 9. यादगार साल : 2010

2010 – यह वह साल है, जिसने साइना नेहवाल के बैडमिंटन कैरियर में जो इबारत लिखी है, वह सोने के अक्षरों से लिखी गई है। इस साल है, जब साइना ने कई बड़ी सफलताएं पाई हैं। सारी दुनिया में तो तब उसने तहलका मचाया ही था। 2010 में नई दिल्ली में हुए राष्ट्रमंडल खेलों में उसने सोने का तमगा जीतकर एक और बड़ी उपलब्धि अर्जित कर ली थी। खुद साइना नेहवाल भी इस बात को स्वीकार करती हैं कि यही वह साल है, जिसने मेरे खेल का पूरी तरह से कायाकल्प कर दिया और लगातार मिले खिताबों ने मेरा मनोबल सातवें आसमान पर पहुंचा दिया था।

29 जून, 2010– यह वह दिन है, जब साइना नेहवाल के पापा डॉ. हरवीर सिंह हैदराबाद के राजीव गांधी अंतर्राष्ट्रीय एयरपोर्ट पर सुबह के समय खड़े थे। वह अपनी बेटी का इंतजार कर रहे थे, जो चेन्नई से हैदराबाद आ रही थी। सुबह फ्लाइट को आना था। साइना अपने साथ तीन स्वर्ण पदक भी ला रही थी, जो उसने सिंगापुर, जर्काता और चेन्नई में जीते थे। हालांकि फ्लाइट थोड़ी लेट थी, लेकिन एयरपोर्ट लोगों से खचाखच भरा हुआ था। लोग साइना का स्वागत करने के लिए वहां पहुंचे थे।

भारतीय बैडमिंटन के संदर्भ में यदि देखा जाए तो वह दृश्य बहुत ही गौरवशाली था। 1980 में जब प्रकाश पादुकोण ने ऑल इंगलैंड चैंपियनशिप जीता था या फिर 2001 में पुलेला गोपीचंद ने भी वैसी ही उपलब्धि अर्जित की थी। तब इन दोनों ने बैडमिंटन की दुनिया में भारत का नाम बुलंदियों पर पहुंचाया था और उस दिन एक लड़की ने बड़े कारनामे करके भारत का नाम चारों दिशाओं में चमकाया था। वे बहुत ही गौरवशाली क्षण थे।

साइना नेहवाल ने 13 जून को चेन्नई में इंडियन ओपन जीता था और वहां से वह सिंगापुर चली गई थी, जहां 20 जून को ऑल कंपीटीशन में

खिताब जीता था। फिर वह जर्काता गई, जहां पर उसने टूर्नामेंट जीता। ये तीन प्रतियोगिताएं जीतने का नतीजा यह निकला कि उसकी रैंकिंग छठे नंबर से तीसरे नंबर पर पहुंच गई। इसका सीधा-सा मतलब यही था कि वह तब वर्ल्ड रैंकिंग में तीसरे नंबर की खिलाड़ी बन गई थी। अब सही मायनों में वह मिस इंडिया हो गई थी।

हैदराबाद के आचार्य एन.जी. रंगा एग्रीकल्चर विश्वविद्यालय के ऑयल सीड्स डायरेक्टर से संबद्ध कृषि वैज्ञानिक डॉ. हरवीर सिंह भी एयरपोर्ट पर मौजूद थे और वहां उपस्थित पत्रकारों का शुक्रिया अदा कर रहे थे कि 'आपने मेरी बेटी को जो सहयोग दिया है, उसका मैं आभारी हूं।' वैसे भी डॉक्टर साहब बहुत ही भद्र पुरुष हैं और बेटी की सफलताओं का घमंड उन पर रंज मात्र भी नहीं दिखा या दिखता है।

उनके साथ एक लंबी-सी खूबसूरत महिला भी मौजूद थीं, वह थी अबु चंडांशु, जो साइना नेहवाल की बड़ी बहन हैं। दिल्ली में रहती हैं। लेकिन छोटी बहन का स्वागत करने के लिए वह भी उस दिन एयरपोर्ट गई थी। कुछ देर बाद तमाम नौजवान लड़के-लड़कियां, जो खिलाड़ियों की ड्रेस में थे, वे भी वहां पहुंच गए। यह जत्था पुलेला गोपीचंद बैडमिंटन अकादमी से संबद्ध खिलाड़ियों का था।

कुछ देर बाद जब साइना नेहवाल ने एयरपोर्ट पर कदम रखा, उसका जयघोष शुरू हो गया। पूरे एयरपोर्ट को गुलाब के फूलों से सजाया गया था। यहां तक कि फर्श पर भी गुलाब के फूल थे। उसे मालाओं से लाद दिया गया। इतने भव्य स्वागत की कल्पना सिर्फ इस देश में क्रिकेटरों के लिए ही की जा सकती है, लेकिन सानिया मिर्जा के बाद साइना नेहवाल ही ऐसी गैर-क्रिकेट खिलाड़ी है, जिसका इतनी गर्मजोशी से स्वागत किया गया। साइना सबसे मिलते-मिलाते पापा और बहन से मिली। कोच पुलेला गोपीचंद से मिलीं। बाद में गोपीचंद की मां ने साइना को खुली जीप में बिठाया, जिसमें साइना के साथ उनके कोच, बहन अबु चंडांशु, एसोसिएशन के अधिकारी भी थे। उसको कवर करने के लिए चल रहे थे समाचार चैनलों के 50 कैमरे और सैकड़ों की तादाद में मोबाइल कैमरों से भी खटपट की आवाजें आ रही थीं।

खिताब जीतकर आई तो ऐसा भव्य स्वागत हुआ था, लेकिन एक महीने पहले जब वह चेन्नई जा रही थी, तब एयरपोर्ट पर बिलकुल सन्नाटा था।

डा. हरवीर सिंह ने तब साइना को समझाया था– 'डरना मत, हिम्मत से खेलना। अवश्य जीतोगी। मेरा आशीर्वाद तुम्हारे साथ है।'

चेन्नई तो वैसे भी अपनी खेल प्रतिबद्धताओं के कारण बहुत मशहूर है। चेपक स्टेडियम ऐसी जगह है, जहां पर हर क्रिकेटर खेलने को बेताब रहता है और उत्सुक भी। इधर जबसे चेन्नई में चेन्नई ओपन बैडमिंटन होने लगा है, उसने भी बहुत ख्याति अर्जित कर ली है। यहां पर प्रतियोगिता शुरू होने के साथ ही साइना के पक्ष में माहौल बनने लगा था। जवाहर लाल नेहरु स्टेडियम में जैसे ही साइना पहुंचती थी, लोग उसके पीछे पागल-से दिखाई देते थे। बहरहाल, साइना वहां खेली भी बहुत अच्छा। फाइनल में जा पहुंची, जहां उसका मुकाबला था मलेशिया की चू वांग क्यू से। क्यू बहुत ही अच्छी खिलाड़ी थी। पहला मैच उसने 22-20 से जीत लिया। दूसरा मैच साइना ने 21-14 से जीता। उसके कोच भास्कर बाबू ने तब उसे समझाया कि चीन, मलेशिया या इंडोनेशिया के खिलाड़ियों के साथ जब भी तुम खेलो, उन्हीं की स्टाइल में खेलो। इंडियन स्टाइल में खेलोगी, तो फंस जाओगी। बहरहाल, साइना ने उनकी बात मानी और तेजी से खेलते हुए उसने तीसरा सेट 21-12 से जीता और साथ ही उसने 'योनेक्स-सनराइज इंडिया ओपन ग्रांड प्रिक्स गोल्ड टूर्नामेंट' भी जीत लिया। उसे वहां पुरस्कार स्वरूप एक अच्छी धनराशि मिली।

साइना का अगला स्टॉप सिंगापुर ओपन था। यहां भी वह फाइनल में पहुंची। फाइनल में उसका मुकाबला था ताइवान की खिलाड़ी ताई त्यू यिंग से। मजे की बात तो यह रही कि ताइवान की उस खिलाड़ी का उसी दिन 16वां जन्मदिन भी था, जिस दिन इस टूर्नामेंट का फाइनल खेला गया था।

इस प्रतियोगिता के फाइनल में पहुंचने से पहले साइना ने सेमीफाइनल में चीन की विश्व की नंबर-वन खिलाड़ी लू लान को पराजित किया था। इसी का नतीजा यह निकला कि साइना ने ताइवान की उस लड़की को फाइनल में बड़ी आसानी से सिर्फ 33 मिनट में ही 21-18 और 21-15 से पराजित कर खिताब जीत लिया। साइना ने यह खिताब 20 जून के दिन जीता। उस दिन फादर्स-डे भी था। खिताब जीतने के बाद जब साइना ने पापा को फोन करके बताया कि पापा, मैं जीत गई। यह सुनकर डॉ. हरवीर रोने लगे। साथ में उनकी पत्नी का भी यही हाल था।

साइना के ऑल टूर कोच भास्कर बाबू ने तब कहा भी था कि अब

साइना के भीतर आक्रामकता बढ़ती जा रही है और अब वह मार डालूंगी वाली योजना के तहत खेलने लगी है। बहरहाल, चेन्नई और सिंगापुर में स्वर्ण पदक जीतने के बाद वह जर्काता पहुंची, जहां उसे इंडोनेशिया सुपर सीरीज का खिताब भी जीतना था और पिछले साल मिले खिताब की रक्षा भी करनी थी।

इस प्रतियोगिता के शुरू होने से पहले साइना ने कहा भी था कि मुझे यहां रिजल्ट की कोई परवाह नहीं थी, क्योंकि मैं जानती थी कि मैं इस समय 100 प्रतिशत सही खेल रही हूं। हालांकि मैं यह भी जानती थी कि यहां जीतना आसान नहीं है, लेकिन मेरे भीतर किसी भी तरह की कोई भी घबराहट नहीं थी।

सच तो यह है कि जर्काता में वह बहुत अच्छा खेली। 100 प्रतिशत अच्छा खेली। जर्काता में भी वह फाइनल में पहुंच गई, जहां उसका मुकाबला जापान की खिलाड़ी सायका सातो से हुआ। साइना ने तेजी और फुर्ती से खेलते हुए उसे मात्र 45 मिनट में ही परास्त कर दिया और खिताब जीत लिया। दूसरे साल लगातार साइना ने यह मुकाबला 21-19, 13-21 और 21-11 से जीता।

उसके कोच गोपीचंद उस दिन बंगलोर में थे, जब साइना ने खिताबों की हैट्रिक बनाई थी। इसे तब 'ड्रीम कम ट्रू' का जुमला दिया गया था। तब गोपी ने साइना को कुछ इस तरह बधाई दी थी, 'तुम ही वह बैडमिंटन खिलाड़ी हो, जिसने सपने को सच कर दिखाया है। तीन हफ्तों में तीन बड़े खिताब जीतना आसान नहीं होता। यह भारतीय बैडमिंटन के लिए गौरवमयी क्षण है। यह क्षण देने के लिए मैं तुम्हारा आभारी हूं साइना। वेलडन।'

डॉ. हरवीर घर में टीवी पर वह मैच देख रहे थे। साइना ने जैसे ही खिताब जीता, उषा रानी रोने लगीं। ये खुशी के आंसू थे। बहरहाल, तीन हफ्तों में उसने तीन खिताब जीते और उसे पुरस्कार स्वरूप चेन्नई में मिले 8,280 डॉलर, सिंगापुर में 15 हजार डॉलर और इंडोनेशिया में 18 हजार 750 डॉलर।

बहरहाल, इन तीन बड़े खिताबों के जीतने के बाद साइना पर लगने वाले वे आरोप भी स्वतः ध्वस्त हो गए, जिस पर कहते थे कि साइना तो बड़े टूर्नामेंट खेलने और जीतने के लायक है ही नहीं। जर्काता में उसके पास भारत से हजारों फोन पहुंचे। खुशी से सराबोर साइना अपनी लंबी

यात्रा– जर्कार्ता, सिंगापुर, चेन्नई, हैदराबाद के लिए तैयार हुई और चल पड़ी अपने घर, जहां पर उसके अपने, अपने वतनवासियों ने जोरदार ढंग से स्वागत किया, सत्कार किया। उसके कुछ महीनों बाद उसने दिल्ली में हुए राष्ट्रमंडल खेलों में पूरी चमक के साथ खिताब जीता। राष्ट्रमंडल खेलों में सोने का पदक कैसे जीता? इस सवाल के जवाब में साइना पूरे गर्व के साथ बताती हैं कि बैडमिंटन खेल का मैदान दर्शकों से खचाखच भरा हुआ था। मुझे यकीन नहीं हो रहा था, ऐसा लग रहा था जैसे क्रिकेट का मैच होने वाला हो। मैं घरेलू मैदान पर खेल रही थी और दर्शक अति उत्साहित होकर हौसला बढ़ा रहे थे। मुझे पता था कि उस दिन मेरे खेल को कई प्रसिद्ध लोग दर्शक दीर्घा में बैठकर देख रहे हैं। कांग्रेस के वरिष्ठ नेता राहुल गांधी, तत्कालीन प्रधानमंत्री डॉ. मनमोहन सिंह की पत्नी गुरशरण कौर और तब की लोकसभा अध्यक्ष मीरा कुमार भी वहां मौजूद थे। मेरे माता-पिता भी आए हुए थे और सभी भारतीय एथलीट भी मेरे खेल को देख रहे थे, जो उस वक्त दिल्ली में ही मौजूद थे। यहां आए दर्शकगण मेरे खेल जीवन के बेहतरीन दर्शकों में से एक थे, जिनके लिए मैं खेली होऊंगी। यह राष्ट्रमंडल खेल-2010 था, जिसे नई दिल्ली के सिरी फोर्ट में खेला गया था।

राष्ट्रमंडल खेलों में यह पहला मौका था, जब एक भारतीय खिलाड़ी बैडमिंटन प्रतियोगिता के फाइनल में खेल रही थी। इसलिए मुझ पर बहुत ज्यादा दबाव था। यह मैच मुझे मलेशिया की बैडमिंटन खिलाड़ी वोंग म्यू चू से खेलना था। वरीयता सूची में वोंग म्यू चू का 16वां स्थान था और मेरा तीसरा, लेकिन मुझे पता था कि ऐसी स्थिति में वरीयता क्रम कोई मायने नहीं रखता। जीत दोनों में से किसी की भी हो, हम लोग अपना सर्वश्रेष्ठ प्रदर्शन करेंगे।

मैं उसी वर्ष म्यू चू के ख़िलाफ तीन बार खेल चुकी थी और मैंने हर बार उसे हराया था। यहां तक कि राष्ट्रमंडल खेल के दौरान एक खेल के आयोजन में भी मैं उसे हरा चुकी थी। वैसे सभी आंकड़े मेरे पक्ष में थे, लेकिन वह यहां जीतने के लिए आई थी। खैर हम राष्ट्रमंडल खेल के फाइनल मैच में पहुंच गए, जहां हर कोई कड़ा मुकाबला करने के लिए तैयार होकर आता है। पहला सेट बिलकुल आराम से खत्म हुआ, लेकिन मैं 19-21 के अंतर से हार गई। इतना मामूली अंतर! फिर दूसरा सेट शुरू

हुआ। यह एक निर्णायक सेट था। जितना हो सकता था, मुझे हरेक अंक हासिल करना था। उस समय मेरे ऊपर तनाव स्पष्ट दिखाई दे रहा था। मैं बहुत जल्दी ही अंकों में बढ़त बनाकर आगे चलने लगी, लेकिन म्यू चू भी तेजी से पीछा करती हुई आ रही थी। मैं जब भी एक अंक आगे बढ़ती, वह भी एक अंक हासिल कर लेती। इससे पहले कि मैं कुछ समझ पाती, हम लोग 18-18 अंकों के साथ बराबरी पर आ गए। यह सच है कि यदि वह इस सेट को जीत लेती, तो मैं यह मैच हार जाती। मैं 19-18 पर पहुंची, लेकिन वह भी बराबरी पर आ गई। मैंने एक अंक और अर्जित किया, तब कुल अंक 20-19 का था। उसने एक बार फिर से जोर लगाया और हम लोग 20-20 अंकों की बराबरी पर आए। बहुत जल्दी ही वह 21-20 से आगे बढ़ गई। म्यू चू के लिए यह अंक विजयी अंक था।

यह मैच मेरे हाथ से निकल रहा था और मैं हद से ज्यादा तनाव में थी। उस क्षणिक काल में मैं सोचने लगी थी कि कहीं मुझे रजत पदक से ही न संतोष करना पड़े। वहां बैठे दर्शक भी एक सुर में मेरा नाम लेकर चिल्ला रहे थे। 'इंडिया, इंडिया' और 'गो साइना' की गूंज मेरे कानों तक साफ-साफ पहुंच रही थी। मेरे मन में यह तय हो चुका था कि इस अंक को मैं अपने हाथ से जाने नहीं दूंगी। देखते-ही-देखते मैंने म्यू चू से 21-21 पर बराबरी कर ली और अगले कुछ ही मिनटों बाद मैं 22-21 की बढ़त बनाकर आगे हो गई। क्या एक बार फिर वह मेरी बराबरी कर लेगी? अपने ब्रेक टाइम में मैं सोचने लगी। इस मैच को आसानी से छोड़ने का उसका इरादा नहीं था, जो कि उसके चेहरे पर और शारीरिक हाव-भाव से साफ झलक रहा था। इस बार वह अपने प्रयास में विफल हो गई, क्योंकि शटल नेट पर गिर गया था और मैं 23-21 से जीत गई।

म्यू चू का लक्ष्य इस मैच को सीधे सेटों में जीतने का था, वह इस बात को जानती थी और मैं भी। उसकी थकावट मुझे दिखाई दे रही थी, लेकिन तब भी मैं अपने आपको मजबूती दे रही थी। तीसरा सेट चल रहा था, मैं पूरे कोर्ट में इधर-उधर, जहां-तहां स्ट्रोक कर रही थी। मुझे लगा कि यदि म्यू चू इसी तरह कोर्ट में एक छोर से दूसरे छोर तक दौड़ती रही तो वह बहुत जल्दी ही थक जाएगी। यही मेरी रणनीति थी और ऐसा ही हुआ। मैं शुरुआत से ही बढ़त बनाए हुए थी और हमारे बीच अंकों में भी अंतर बढ़ता जा रहा था। एक समय हम लोग 12-7 पर थे और कुछ ही

देर में यह 14-9 हो गया। म्यू चू आगे बढ़ने की पूरी कोशिश कर रही थी, लेकिन मैं उसे बहुत नजदीक न आने देने में सफल हो रही थी। जब मैं पांच अंकों की बढ़त के साथ 17-12 पर खेल रही थी, तब मैंने इसका फायदा उठाया। वह कई गंभीर गलतियां कर रही थी, तभी मैं 19-12 पर पहुंच गई। 21-13 की बढ़त के साथ, यह मेरा गेम सेट और मैच था।

ये वे क्षण थे कि उन क्षणों का क्या कहना! लोगों की खुशी का ठिकाना नहीं था, वे भारतीय झंडा लेकर चारों तरफ दौड़ रहे थे। मैंने भी कोर्ट का चक्कर लगाया और दर्शकों से हाथ मिलाया। उसके बाद पदक वितरण समारोह का समय आया। जब मेरा नाम पुकारा गया, तब मैं गौरवांवित महसूस कर रही थी। मैं स्वर्ण पदक लेने के लिए उस स्थान पर गई, जहां पर इसे दिया जाता है। वहां उपस्थित सभी लोगों ने मेरे साथ भारतीय राष्ट्रगान गाया। मैं जब कभी भी उस क्षण को याद करती हूं तो रोमांचित हो जाती हूं।

मैंने अपने देश के लिए स्वर्ण पदक जीता था। इस स्वर्ण पदक ने देश को पदकों की वरीयता सूची में दूसरे पायदान पर पहुंचा दिया और देश के लिए यह पहला मौका था। मेरे लिए इससे ज्यादा गौरव की बात और कुछ नहीं हो सकती थी। वे क्षण याद करके मैं आज भी भावुक हो जाती हूं। सच तो यह है कि यह पदक मेरे लिए बहुत ही भाग्यशाली भी सिद्ध हुआ।

यही नहीं, राष्ट्रमंडल खेलों में स्वर्ण पदक जीतने के बाद साइना ने उस साल के अंत में एक खिताब और जीता। यह था 'हांगकांग सुपर सीरीज ओपन'। हालांकि इसी साल हुए 'एशियाड खेलों' में उसे खिताब नहीं मिल पाया, लेकिन 'हांगकांग सुपर सीरीज' जीतकर उसने हिसाब बराबर कर लिया।

2010 को याद करते हुए साइना कहती भी हैं कि यह साल मेरे सपने पूरा करने वाला साल रहा है। 12 सुपर सीरीज प्रतियोगिताओं में से पांच में मैंने भाग लिया और तीन में खिताब भी जीते। साथ ही राष्ट्रमंडल खेलों का स्वर्ण भी जीता है। इंडियन ओपन भी जीता है। इसके अलावा पद्मश्री और राजीव गांधी खेल रत्न से सम्मानित किया गया है। खिलाड़ियों को इससे ज्यादा और क्या चाहिए?

तभी उससे किसी पत्रकार ने पूछा– 'क्या नंबर-वन होना अभी बाकी है?' इस पर वह मुस्कराती हुई बोली– 'हां, अगर नंबर-वन बनती हूं, तो

मुझे बहुत-बहुत खुशी होगी। लेकिन मेरा असली लक्ष्य है ओलंपिक का स्वर्ण पदक ऑल इंगलैंड का खिताब तथा सभी सुपर सीरीज खिताब जीतना।'

पांच साल पहले साइना द्वारा कही गई एक बात तो पूरी हो गई है। 2015 में वह दुनिया की नंबर-वन खिलाड़ी बन गई है। अगले साल ओलंपिक है, उसमें भी उसका खिताब पक्का-पक्का दिख रहा है। बाकी और तो यूं ही वह झपट लेगी, क्योंकि खूब मेहनत जो कर रही है।

# 10. ओलंपिक पदक

यह बात तो हम सब जानते ही हैं कि साइना नेहवाल ने ओलंपिक खेलों में भी पदक जीता है। 2012 में हुए लंदन ओलंपिक में उसने कांस्य पदक जीता था। हालांकि वह जीतना तो चाहती थी स्वर्ण पदक, लेकिन दुर्भाग्यवश उसने कांस्य ही जीता। लंदन जाने से पहले वह स्वर्ण पदक जीतने के लिए पूरी तरह तैयार थी, लेकिन भाग्य कुछ और ही कहानी कहने को बेताब था।

लंदन जाने से पहले उसने अपने आपको हर तरह से फिट और सेट कर लिया था। उन दिनों एक गाना बहुत मशहूर हुआ था, 'कोलावेरी, कोलावेरी'। दिसंबर 2011 की बात है। एक दिन साइना इस गाने पर घर में ही थिरक रही थी, तो उसके पापा ने उससे पूछा, 'बेटा ये कैसा गाना है? कोलावरी?' इस पर साइना ने उनसे पूछा, 'आप मुझे चिढ़ा तो नहीं रहे हैं।' इस पर उसके पापा बोले, 'नहीं बेटा! लेकिन इसके गायक हैं कौन?' यह सवाल सुनकर वह थोड़ा मुस्कराई और बोली, 'पापा, इस गाने को धनुष ने गाया है। गाना बहुत हिट हो गया है। धनुष मशहूर सिने स्टार रजनीकांत के दामाद हैं।'

दरअसल, उन दिनों साइना अपने आप से बहुत नाराज थी। कभी वह क्वार्टर फाइनल में हार जाती थी, तो कभी सेमीफाइनल में। यह सब जानकर ही उसके पापा ने उससे यह पूछा था। उसके बाद हरवीर सिंह ने साइना को एकाग्र एवं प्रसन्नचित्त रहने की सलाह दी। योगा करने को कहा, ध्यान लगाने को बताया, जिससे वह अपनी एकाग्रता एवं मन को स्थिर कर सके और शांति के साथ अपना काम आसानी एवं उत्साह के साथ कर सके। हरवीर ने साइना को समझाते हुए कहा था कि बस सिर्फ 19 और 20 का फर्क है। वह ख़िताब जीतने के समय होने वाली मानसिकता और दबाव

नहीं झेल पा रही थी। यह ओलंपिक खेलों के लिए क्वालीफाई करने वाला साल था और उसे भी इस बड़े काम के लिए तैयार तो रहना ही था।

पापा द्वारा समझाने के बाद साइना ने वही किया, जो उसे समझाया गया था। कुछ दिन बाद साइना ने चीन में बी.डब्ल्यू.एफ. सीरीज के सेमीफाइनल में टिने बाडन को पराजित किया। लिजेहोऊ, जहां पर यह प्रतियोगिता हुई थी, ने साइना के भीतर नए रक्त और उत्साह का संचार किया। तब उसकी रैंकिंग भी दुनिया में चौथे नंबर पर थी। तब वह रजनीकांत की मशहूर फिल्म 'शिवाजी' के उस डॉयलॉग को वह खूब बोलती थी, जिसमें कहा गया था– 'शेर हमेशा अकेला चलता है। झुंड में तो कुत्ते चला करते हैं।' उस प्रतियोगिता में भाग लेने के बाद साइना चीन की तमाम लड़कियों को पराजित करती चली गई।

उन दिनों तमाम पत्रकारों, विचारकों का यही मत था कि 2011 साइना की ओलंपिक तैयारियों के लिए बेहतर साल नहीं था, लेकिन उसने मेहनत करने में किसी भी तरह की कोई असर नहीं छोड़ रखी थी। उसके कोच पुलेला गोपीचंद का मानना था कि यह ठीक हुआ। हमने फिर उसके साथ खूब मेहनत करनी शुरू की। उसे लौहपुरुष के रूप में तैयार करना शुरू किया। नतीजा सामने था। 2012 के शुरू में उसका वजन करीब साढ़े पांच किलो कम हो गया था, जिससे उसके मूवमेंट में फुर्ती और चुस्ती आनी शुरू हो गई। इस बात को खुद साइना ने स्वीकारा भी। कहती थी, 'वज़न कम होने के बाद मैं कोर्ट में और अधिक तेज हो गई।' वह खाना भी ठीक से खाने लगी और अच्छी नींद सोने भी लगी। उसका बॉडी मॉस इंडेक्स (बीएमआई) भी खेल के मुताबिक बिलकुल सही हो गया था। गति भी बढ़ने लगी थी।

ओलंपिक खेलों को लेकर साइना जरूरत से ज्यादा गंभीर भी थी, तो उत्साहित भी। उसका कहना था कि ऐसा कौन-सा पुरुष या महिला खिलाड़ी होगी, जो ओलंपिक जैसे महान खेलों में शिरकत नहीं करना चाहती होगी। ओलंपिक खेलों को खेल प्रतियोगिताओं में सबसे प्रतिष्ठित माना जाता है। ओलंपिक इससे भी अधिक विशेष होता है और अगर आप उस टीम के सदस्य हैं, जो देश का प्रतिनिधित्व करते हैं, तो इससे विशेष कुछ और हो ही नहीं सकता है। इसमें से सभी देश के लिए ओलंपिक खेलना चाहते हैं। मेरा भी तो यही सपना रहा है। देश के लिए भाग ले

रही ओलंपिक टीम में शामिल होना, भारतीय तिरंगे के पीछे चलना, दुनिया के मशहूर खिलाड़ियों के साथ ओलंपिक गांव में समय बिताना, वास्तव में बहुत बड़ी बात होती है। इतना सब होने के बाद यदि आप इन खेलों में कोई पदक जीत जाते हैं, तो यह तो और भी बड़ी बात होती है। यह किसी भी खिलाड़ी के लिए सबसे बड़ा सम्मान है।

वैसे भी बैडमिंटन टूर्नामेंट में जगह पाने का फैसला वर्ल्ड बैडमिंटन फेडरेशन की तरफ से होता है। टीम के शीर्ष दस खिलाड़ी इसमें अपनी जगह बनाते हैं, जो अलग-अलग देशों का प्रतिनिधित्व करते हैं। हालांकि अगर दस खिलाड़ी किसी एक ही देश से हों, तो शीर्ष के तीन खिलाड़ियों को ही ओलंपिक में खेल पाने का मौका मिलता है। किसी दूसरे देश का ग्यारहवां खिलाड़ी चौथे स्थान पर खेलने का मौका पाता है।

इसलिए नियमों के मुताबिक, शीर्ष के 15 खिलाड़ियों को मौका मिलता है, जिसमें हरेक देश से एक खिलाड़ी होता है। बाकी के खिलाड़ी कोटा के आधार पर आते हैं, जिसमें एक देश का एक खिलाड़ी हिस्सा लेता है। इस आधार पर कुल 64 खिलाड़ियों को बैडमिंटन में हिस्सा मिलता है। रैंकिंग 1 मई तक देखी जाती है और तब हमारी योग्यताओं के बारे में बताया जाता है। 1992 तक बैडमिंटन ओलंपिक का हिस्सा नहीं था, इसलिए अब ओलंपिक में खेलना मेरे लिए सौभाग्य की बात है।

ओलंपिक गांव में रुकना कहीं स्वर्ग में रुकने जैसा ही होता है। खेल गांव के इधर-उधर घूमना बहुत आनंददायक होता है, क्योंकि आपको मशहूर खिलाड़ी मिलते रहते हैं। यही एक ऐसा आयोजन है, जिसमें पता चलता है कि दुनिया में कितने प्रतिभावान खिलाड़ी हैं। हो सकता है कि सभी खिलाड़ियों को लोग न जानते हों, लेकिन इसका यह अर्थ नहीं कि उनमें प्रतिभा की कमी है। एक बार घूमने के दौरान ही भारतीय दल की लड़कियों ने मेरा ऑटोग्राफ मांगना शुरू कर दिया। यहां हम लोग भारत के लिए कंधे-से-कंधा मिलाकर खेल रहे थे। उनमें और मुझमें फर्क सिर्फ यही था कि बाहरी दुनिया में लोग मुझे कुछ ज्यादा जानते थे। यह वाकया मुझे भावुक बना देने वाला था।

वैसे मेरा पहला ओलंपिक 2008 में बीजिंग में था। लेकिन ओलंपिक में खेलने का सपना तो तभी से बनना शुरू हो गया था, जब मैं 14 साल की थी। साल 2004 ओलंपिक वर्ष था और मैं उस आयोजन में खेलने

की दावेदार नहीं थी। हालांकि मैं देश में चलने वाले टूर्नामेंट में अच्छा कर रही थी। उस साल हैदराबाद में सीनियर राष्ट्रीय टूर्नामेंट का आयोजन हुआ था। मेरे प्यारे-से शहर में बड़े-बड़े पोस्टर चिपकाए गए थे, जिन पर अन्य एथलीटों के साथ मेरा फोटो भी था। पोस्टरों पर लिखा हुआ था– 'साइना, स्वर्ण के लिए ओलंपिक जाओ।' इस बात ने मेरे अंदर जोश भर दिया और मैं ओलंपिक को भावी लक्ष्य मानकर मेहनत करने में लग गई। लेकिन ओलंपिक में प्रवेश पाने के लिए कड़ी मेहनत की आवश्यकता होती है, इसलिए मुझे दमभर मेहनत करने पर पूरा ध्यान केंद्रित करना था और यही मैंने किया भी।

वर्ष 2008 में मैं बीजिंग ओलंपिक का हिस्सा बनी। हम लोगों के साथ पुरुषों की एकल टीम के खिलाड़ी अनूप श्रीधर और हमारे कोच गोपीचंद पुलेला थे। मुझे उस वक्त यह भी याद था कि ओलंपिक चयन की खबर सुनकर मुझे कैसा अनुभव हुआ था। कुछ देर रुककर इसके बारे में सोचने का यह मौका था।

भारतीय दल में अन्य खिलाड़ियों के अलावा मेरे साथ महेश भूपति, सानिया मिर्जा, विजेंदर सिंह, अभिनव बिन्द्रा, अखिल कुमार के साथ और भी कई खिलाड़ी थे। वहां हम लोग एक साथ खाते और साथ ही घूमने भी निकलते। प्रशिक्षण भी थोड़ा-बहुत साथ ही करते थे। इस दौरान मैं बीजिंग में दस दिन रही। वह समय वाकई यादगार था। उसको याद करके मैं आज भी रोमांचित हो जाती हूं।

वहां पर अनेक खिलाड़ी, प्रेस और दर्शकों का हुजूम था। यह किसी बड़ी पार्टी से कम नहीं था। मेरे लिए सबसे अच्छी बात यह रही कि वहां मुझे मेरे हीरो नाडाल और फेडरर मिल गए। उस साल बैडमिंटन टूर्नामेंट 9-17 अगस्त तक आयोजित हुआ। मैंने शुरू के ही दो राउंड आसानी से सीधे सेट में जीते। क्वार्टर फाइनल में पहुंचना मेरे लिए बड़ी उपलब्धि थी। लेकिन ओलंपिक का वह क्वार्टर फाइनल, अब तक के खेले गए मैचों में सबसे कठिन था। वह मैच मैं इंडोनेशिया की मारिया क्रिस्टिन युलियांती के हाथों हार गई। उस वक्त तक मैं 15वें स्थान पर थी, जबकि मारिया 21वें रैंक पर थीं। पहला गेम लंबा और बहुत थकाने वाला था। हम दोनों 21 प्वाइंट से पीछे थे, बाद में मैंने 28-26 से गेम जीत लिया। खेल बहुत थका देने वाला रहा और बाकी बचे दो गेम मारिया ने 21-14 और 21-15

से जीत लिया। इससे मैं परेशान हो गई। मुझे लगा यह मैच मैं जीत सकती थी, जो मेरे हाथ से निकल गया।

अभिनव बिन्द्रा की इवेंट भी उसी दिन था। कई भारतीय दर्शक उनका मैच देखने के लिए स्टेडियम में इकट्ठा हुए थे। उन्होंने जब स्वर्ण जीता, तो कई दर्शक मुझे इस बात की खुशखबरी देने मेरे पास पहुंचे। मैं बिन्द्रा की जीत से बहुत खुश थी, लेकिन क्वार्टर फाइनल में अपनी हार मुझे बहुत उदास कर रही थी। उस रात मैं सो नहीं पाई। रात-भर मैं अपने खेल के बारे में सोचती रही कि कैसे दूसरे ढंग से वह मैच खेल सकती थी। उसके बाद मैं भारत लौट आई। हार के गम से आप खेल से बहुत ज्यादा दिन दूर नहीं रह सकते। इसलिए अब मुझे अपना प्रशिक्षण फिर से शुरू करना था। यही सब सोचते हुए मैंने लंदन-2012 की तैयारी शुरू कर दी।

हकीकत यह है कि 2009 में मैं ओलंपिक गोल्ड क्वेस्ट के साथ जुड़ गई। इसे प्रकाश सर और गीत सेठी सर ने स्थापित किया था। क्वेस्ट से ऐसी टीम जुड़ी थी, जिसमें लिएंडर पेस, विश्वनाथन आनंद, नीरज बजाज और वीरेन रसकिन्हा जैसे दिग्गज खिलाड़ी शामिल थे। इसके अलावा जाने-माने लोगों में नीरज भारद्वाज, राकेश खन्ना, शितिन देसाई, आर. रामराज और दीपिका पादुकोण भी इससे जुड़े थे। इतने लोगों की मौजूदगी में यह एक अच्छी शुरुआत थी। इस संगठन का मकसद उन भारतीय एथलीटों को मदद पहुंचाना था, जिनमें ओलंपिक में पदक जीतने की क्षमता हो। ओलंपिक गोल्ड क्वेस्ट को सरकार की ओर से भी थोड़ी-बहुत मदद मिलती थी, जैसे टूर्नामेंट के दौरान कहीं आने-जाने, रहने-खाने या फिर जिम उपकरण ों को लेकर। क्वेस्ट से जुड़ने के कारण हम जैसे खिलाड़ियों पर बहुत ज्यादा फर्क पड़ा। हमें एक तरह से बहुत ठोस और पर्याप्त मदद मिली। इससे जुड़कर मैं अगले ओलंपिक की तैयारियों में जोर-शोर से लग गई।

सन् 2012 के नए साल का उल्लास मुझे याद आ रहा है। 'कोरियन सुपर सीरीज प्रीमियम' में हिस्सा लेने के लिए मैं दिल्ली-सिओल विमान में सवार थी। यात्रा के दौरान रात के 12 बजते ही मुझे महसूस हुआ कि मैं ओलंपिक वर्ष में प्रवेश कर गई हूं। ऐसा लगा जैसे मैं किसी खास साल में प्रवेश कर गई हूं और मेरे सामने बहुत बड़ा लक्ष्य है। लेकिन इससे पहले मुझे अन्य टूर्नामेंट खेलने थे। साल 2011 मेरे लिए बहुत अच्छा नहीं रहा था और मेरी रैंकिंग कुछ नीचे की ओर सरकती गई थी। इसे देखते

हुए मुझे बहुत कुछ करना था और अपने आत्मबल और आत्मविश्वास को मजबूती देना ज्यादा जरूरी था। सिओल टूर्नामेंट में मुकाबला बहुत कांटेदार रहा, लेकिन मैंने सेमीफाइनल में जगह बना ली। हालांकि मैच में मैं चीन की जिआंग यानजियाओ से हार गई।

मलेशियन सुपर सीरीज के लिए सिओल से कुआलालंपुर के लिए रवाना हो गई। सेमीफाइनल मैच में वांग यिहान से भिड़ने के लिए मैंने क्वार्टर फाइनल में टीने बाउन को हराया। इसके बाद हुए सेमीफाइनल में यिहान के हाथों हार गई, लेकिन इसके लिए उन्हें जोरदार मेहनत करनी पड़ी। उस मैच के बाद यिहान ने कहा कि पिछले मैच की तुलना में मुझमें बहुत सुधार आया है। मेरा हमेशा यह प्रयास रहा कि 2011 जैसे प्रदर्शन को मैं फिर से न दोहराऊं। इसके लिए मुझे मानसिक स्तर पर बहुत मजबूत होने की जरूरत थी। द ऑल इंगलैंड चैंपियनशिप-2012 पर मुझे पूरी तरह से दिलो-दिमाग लगाना था, लेकिन वह भी मेरे लिए अशुभ साबित हुआ। एक अच्छी बात यह रही कि उसी सप्ताह मुझे स्विस ओपन भी खेलना था। इसमें मैं अपने पिछले साल की जीत को बचाने में सफल रही। इस जीत से मेरे अंदर विश्वास का जबरदस्त संचार हुआ। लेकिन फिर अप्रैल में इंडिया ओपन हार गई, जो मेरे लिए एक तरह से बड़ा धक्का साबित हुआ। मन में अलग-थलग होने की भावना लिए मैं हैदराबाद लौट आई, लेकिन मन में यह बात हमेशा कौंध रही थी कि कहां पर चूक हुई। इस पर मुझे आगे सोचना-समझना है।

हैदराबाद में गोपी सर ने मुझे आश्वस्त किया कि मुझे हारा हुआ बिलकुल भी महसूस नहीं करना है। वज़न भी घट गया था, इसलिए मुझे अपने डाइट और खान-पान पर पूरा ध्यान देना था। अगले पांच सप्ताह मैंने प्रशिक्षण और डाइट पर पूरा ध्यान दिया। इसके साथ ही 'थाई ओपन' और उसके बाद के इंडोनेशिया ओपन का लक्ष्य तय कर लिया। 'इंडोनेशिया ओपन' मुझे सबसे ज्यादा पसंद है और जकार्ता में तो मैच खेलना बहुत प्यारा लगता है। वर्ष 2009 और 2010 में मैं यह टूर्नामेंट जीत चुकी हूं। सन् 2011 में वांग यिहान के हाथों मैं हार गई थी, इसलिए इस बार इस खिताब हासिल करने की कोशिश में जुट गई।

सेमीफाइनल मैच मैंने वांग शिजियान के ख़िलाफ खेला, जो एक ऐतिहासिक मुकाबला सिद्ध हुआ। वैसे मीडिया ने इसे चकनाचूर करने वाली

जंग बताया। ऐसा बताने का कारण भी था, क्योंकि यह मैच एक घंटा चालीस मिनट तक चला था। तीन सेट खेलने के बाद मैं यह मैच जीत पाई और फाइनल में प्रवेश कर गई। यहां मैंने ली ज्यूरुई को मात दी, जो पिछले 35 मैचों में एक भी मैच नहीं हारी थीं। इस मैच को जीतने के लिए मुझे तीन सेट खेलने पड़े। ओलंपिक का आयोजन जैसे-जैसे नजदीक आ रहा था, मैं अपने को चुस्त-दुरुस्त और विश्वास से ओत-प्रोत बनाना चाह रही थी। इसके लिए मैं किसी मैच के जीतने का आनंद भी लेना चाह रही थी।

ओलंपिक में बैडमिंटन के मैच 25 जुलाई से 5 अगस्त के बीच होने थे। मेरे अलावा जो लोग टीम में चुने गए, उनमें पुरुष सिंगल्स के लिए पी. कश्यप, महिला युगल के लिए ज्वाला गट्टा और अश्विनी पोनप्पा, साथ ही वी. दिजू का नाम ज्वाला के साथ मिक्सड युगल के लिए तय हुआ था। लंदन रवाना होने से पहले 23 जून तक हमारा प्रशिक्षण कार्यक्रम चला।

लंदन में हमारे रहने की व्यवस्था वेम्बले में था। यहां ठहरना अपने आप में रोमांचक था। मन में यह भाव भरा था कि हम यहां जीतने के लिए आए हैं, तो और भी जोश का संचार पूरे मन-मस्तिष्क में दौड़ने लगा था। यहां पहुंचे हर खिलाड़ी का सपना भी कुछ एक ही जैसा था। रास्ता चलते लोग हाथ मिलाते, प्रशंसक शुभकामना देते। ऐसे में मन में किसी हीरो-सा भाव पैदा हो रहा था।

आयोजन का शुभारंभ कार्यक्रम बहुत ही दिव्य और भव्य रहा, लेकिन चूंकि अगले दिन मेरा मैच था, इसलिए मैं पासिंग परेड कार्यक्रम में शरीक नहीं हो सकी। लंदन में तैयारियों के दौरान ढ़ाई घंटे जिम में, तीन घंटे कोर्ट पर और तीन घंटे मैं आउटडोर प्रशिक्षण पर समय दे रही थी। इस बार मेरा ध्यान चैंपियनशिप जीतने पर था, जिसके लिए मैं कुछ उतावली-सी हो रही थी।

हाल ही में इंडोनेशिया और थाईलैंड में मैच जीतकर आई थी, जिससे मेरा मनोबल बहुत ऊंचा था। इसका फायदा मुझे ओलंपिक के क्वार्टरफाइनल में मिला, जहां मैं खुद को आत्मविश्वास से भरी हुई महसूस कर रही थी। पिछले मैच में मैं क्वार्टरफाइनल में ही हार गई थी, इसलिए इस बार मुझे पूरे जोश से संघर्ष करने का मौका था। इस मैच में टीने बाउन मेरे ख़िलाफ

थीं; लेकिन मुझे ऐसा लग रहा था कि यह मैच मैं जीत जाऊंगी। मैं सीधे सेटों में यह मैच जीत गई, जिससे मुझे बहुत राहत महसूस हुई। इसके बाद मुझे सेमीफाइनल की जंग लड़नी थी। मैच वांग यिहान के ख़िलाफ था, लेकिन इसे लेकर मैं किंचित भी परेशान नहीं थी। इस मैच को मैंने चुनौती के रूप में स्वीकार किया, जिसे खेलने की हार्दिक अभिलाषा थी।

दुर्भाग्यवश सेमीफाइनल में जीत की जल्दी में मैं कई गलतियां कर बैठी। यिहान की रणनीति भी मेरे ख़िलाफ कारगर बैठी। मेरे कई शॉट को यिहान ने छुआ तक नहीं और उसे नेट से बाहर जाने दिया। इस कारण मैंने कई प्वाइंट भी गंवा दिए। सामान्यत: दो गेम के मैच में ज्यादा-से-ज्यादा 30 से 35 मिनट का समय लगता है, लेकिन इस मैच में मुझे 43 मिनट तक जूझना पड़ा और 13-21, 13-21 से मैच हार गई। यह हार मेरे लिए बहुत बड़ी क्षति थी, क्योंकि इसका मतलब स्वर्ण और रजत से भी हाथ धोना था।

उस दु:ख के वक्त मैं पापा को बहुत याद कर रही थी। इस बार उन्होंने मेरे साथ लंदन आने से मना कर दिया था और अपने संगी-साथियों के साथ टीवी पर ही मैच देखना सही समझा था। यह हार मेरे लिए दिल टूटने जैसा था, लेकिन मेरे पास अभी एक और मैच बचा था, जिसमें मैं अपनी सारी ऊर्जा और ताकत झोंकने को तैयार हो रही थी।

कांस्य पदक पाने के लिए अंतिम मैच मेरे सामने था और मुझे वांग जिन के विरुद्ध खेलना था। मैच में लीड तो मैंने ही लिया, लेकिन वह पूरे दम के साथ मेरे शॉट्स मुझे वापस कर रही थीं। मैं 20-18 अंक से लीड ले रही थी। खेल के दौरान मैंने जिन की उखड़ती हुई सांसों को महसूस किया। जब वह अपने जूते का फीता बांध रही थीं, तो उनकी हांफती हुई सांसें दूर तक सुनी जा सकती थीं। यहां तक कि कोर्ट पर खड़ा होने के दौरान वह लड़खड़ाकर गिर भी गई। इतना कुछ होने के बावजूद मैं उसके हाथों पहला सेट हार गई। लेकिन जिन की हालत को देखकर यह तय था कि वह बहुत देर तक कोर्ट पर नहीं टिक पाएंगी। इसको देखकर मैंने अपने को उत्साहित किया। मैं पुन: पूरे फॉर्म में आ गई और जोरदार शॉट लगाने लगी। दूसरे गेम के मैच प्वाइंट तक आते-आते वांग जिन ने मैच छोड़ दिया। जिन की ऐसी स्थिति देखकर मुझे बुरा लगा, लेकिन इसमें कोई कुछ कर नहीं सकता था। मैंने उन्हें गले से लगा लिया और

हम दोनों ने साथ ही कोर्ट छोड़ा। इस तरह से लंदन ओलंपिक का कांस्य पदक मेरे नाम हुआ।

वह बताती हैं कि मैं ऐसे भी मैच जीत पाऊंगी, कभी ऐसा सोचा नहीं था। मेरी तैयारी और इच्छा स्वर्ण पदक जीतने की थी, लेकिन हुआ कुछ और। ओलंपिक की यात्रा कांस्य के साथ समाप्त हुई। हालांकि मेरे प्रशंसकों का सोचना कुछ और था और वे मुझे महज किसी मेडलिस्ट के रूप में देखना चाह रहे थे, किसी ओलंपिक मेडलिस्ट के रूप में।

मैच के बाद जब मैं गोपी सर से मिली, तो वह बहुत भावुक हो गए। उन्होंने कहा, 'साइना तुमने मुझे वह चीज दी है, जिसको पाने का सपना मुझे अरसे से था।' मैंने पापा को फोन किया, वह मेरी जीत से बहुत खुश थे। उन्होंने मेरा मैच अपने दोस्तों, सहयोगियों और मीडिया के कुछ लोगों के साथ देखा था। इस बात को लेकर खुशी थी कि मैं कांस्य पदक के साथ घर लौट रही थी। मुझे पूरी दुनिया से वाहवाही मिली। जो भी प्रेम लोगों ने दर्शाया, वह दिल को छू जाने वाला था। लोगों की बधाई, शुभकामनाएं और मेरी जीत से उन्हें मिली खुशी ने मुझे आत्मविभोर कर दिया।

सच तो यह है कि यही खास कारण है, जो देश के लिए खेलने को प्रोत्साहित करता है। दूसरे शब्दों में कहें तो यह एक आपसी जीत थी, जो सबके लिए एक महान मौका साबित हुई। मेरा पदक मेरे कमरे में लगे कपबोर्ड में रखा हुआ है। यह थोड़ा वज़नी है, इसलिए किसी खास मौके पर ज़ब बाहर निकालने के लिए कहा जाता है, तभी मैं ऐसा करती हूं।

जब कभी मैं पदक मिलने के वक्त के कार्यक्रम को देखती हूं, तो लंदन में खरीदे उस जैकेट को भी ध्यान से देखती हूं, जिसका रंग मेरे मेडल से ही मेल खाता है। मेरे जेहन में कांस्य पदक तो उस खास कार्यक्रम के लिए ही बना रहेगा, लेकिन स्वर्ण पदक तो अभी भी मेरा सपना है। यह सपना चार वर्षों तक मेरे दिमाग में बना रहेगा, जब तक हम रियो नहीं पहुंच जाते और वहां पर स्वर्ण पदक नहीं जीत जाते।'

लंदन ओलंपिक में कांस्य पदक जीतने के बाद से तो साइना के खेल में बहुत अधिक सुधार आया। 2015 के शुरू में ही यानी मार्च के महीने में उसकी रैंकिंग भी नंबर-वन हो गई। यानी रियो ओलंपिक में स्वर्ण पदक जीतने के लिए वह मानसिक और शारीरिक रूप से पूरी तरह से तैयार है।

वैसे यह बात बहुत कम लोगों को ही मालूम है कि सन् 2000 में

हुए सिडनी ओलंपिक खेलों में साइना के कोच पुलेला गोपीचंद प्री क्वार्टर्स में पराजित हो गए थे। तब पुलेला ने कहा था कि पता नहीं कि अब तो ओलंपिक में खेल पाएंगे या नहीं, लेकिन अब मैं कोई ऐसा खिलाड़ी भारत का जरूर तैयार करूंगा, जो अपने देश के लिए ओलंपिक पदक जीत सके। यही पदक बाद में साइना के लिए सपना था जिसे उसने 2012 में पूरा भी किया, लेकिन कांस्य पदक जीतकर। लेकिन अब वह फिर से तैयार है रियो में स्वर्ण पदक जीतने के लिए, ताकि उसके कोच पुलेला का सपना पूरा हो सके जो अब उसके पूर्व कोच हैं। उनकी व्यस्तता को देखते हुए साइना ने विमल कुमार को अपना कोच बनाया है। पिछले कुछ सालों में मिली सफलताओं का श्रेय विमल कुमार को ही जाता है।

# 11. शिखर की ओर

खिलाड़ियों की दुनिया वैसे तो छोटी होती है, लेकिन दर्शकों की दुनिया बहुत-बहुत बड़ी होती है। कुछ ही खिलाड़ी ऐसे होते हैं, जो बहुत जल्दी लोकप्रियता की ऊंचाइयों तक पहुंच जाते हैं। क्रिकेट के मैदान में यदि यह काम सचिन तेंदुलकर ने किया है, तो टेनिस में इस मुकाम पर सानिया मिर्जा और लिएंडर पेस पहुंचे हैं। बैडमिंटन इस देश में पहले इतना लोकप्रिय नहीं था, लेकिन अब यह खेल भी लोकप्रियता की बुलंदियों तक पहुंचने लगा है। साइना नेहवाल भी उन खिलाड़ियों में से हैं, जिसने बहुत जल्द ही लोकप्रियता की बुलंदियां छू ली थीं। उसने जूनियर सर्किट में ही बहुत जल्द कामयाबियां हासिल कर ली थीं। उसने शुरुआंती दिनों में ही बहुत तगड़ी मेहनत की थी। वह हर रोज 25 किलोमीटर की यात्रा स्कूटर पर करती थी। घर से उसको स्टेडियम तक जाने में बहुत समय लगता था और उसको बहुत पहले जाना भी तो होता था। कभी-कभी तो ज्यादा थकान की वजह से वह स्कूटर पर ही सो जाती थी। पापा स्कूटर चलाते थे और वह पीछे मम्मी की गोद में या फिर स्कूटर की गद्दी के बीच में बैठकर सोती रहती थी। मार्च, 2000 में हरवीर सिंह ने मारुति कार खरीद ली। यह कार इसलिए ही खरीदी गई ताकि साइना की परेशानी कुछ कम हो सके। उस मारुति कार का नाम रखा गया 'हनुमान', जो हिंदुओं के प्रमुख देवता हैं, जिन्हें शक्ति और बल का भी प्रतीक माना जाता है।

यह बात सन् 2000 की है, जब जवाहर लाल स्टेडियम के प्रमुख कोच एस.एम. आरिफ ने साइना के खेल को देखा और यह भविष्यवाणी की थी कि साइना की प्रतिबद्धता को देखते हुए मैं यह बात बहुत ही आसानी से कह सकता हूं कि यह बालिका दो साल के भीतर पूरी दुनिया में छा जाएगी। वैसे भी खेलों की दुनिया में आरिफ सर की बहुत इज्जत है। सन्

2000 में ही उन्हें द्रोणाचार्य अवार्ड से सम्मानित किया गया था। वह नई प्रतिभाओं को खोजने और उन्हें तराशने के काम में बहुत ही उस्ताद थे। एक नज़र में वह बता देते थे कि यह बच्चा आगे चलकर खिलाड़ी बन पाएगा भी या नहीं। आंध्र प्रदेश में कोई भी ऐसा बैडमिंटन का खिलाड़ी नहीं है, जिसने आरिफ सर से ज्ञान न प्राप्त किया हो। आरिफ सर ने पुलेला गोपीचंद, चेतन आनंद और ज्वाला गट्टा को भी कोचिंग दी है। 1989 में उन्होंने कोचिंग शुरू की थी और गोपीचंद उनके पहले बैच के ही छात्र रहे हैं।

साइना के जीवन में एक मजेदार घटना यह घटी कि उसके कोच नानी प्रसाद का तबादला हैदराबाद से विजयवाड़ा हो गया। तब नानी प्रसाद ने साइना से विजयवाड़ा चलने को बोला। कहा कि मैं तुझे पूरी तरह से बैडमिंटन में एक्सपर्ट बना दूंगा। नानी ने यही बातें साइना के पिता डॉ. हरवीर सिंह से भी कहीं, लेकिन हरवीर ने यह कहकर मना कर दिया कि यह मेरे परिवार की गोल्डन गर्ल है। हम लोग इससे तो दूर रह ही नहीं सकते हैं।

बहरहाल, इस बीच आरिफ सर ने सारे मामले को समझा और उन्होंने साइना के खेल और प्रशिक्षण आदि को गंभीरता से लेते हुए गोवर्धन रेड्डी को साइना के साथ मेहनत करने को कहा। आरिफ सर बताते हैं कि साइना ने कभी भी किसी काम को मना नहीं किया। तब वह 10 साल की थी, लेकिन शारीरिक रूप से औरों से बहुत मजबूत शरीर वाली थी। वह दूध पीने और दही खाने में किसी भी तरह का कोई भी परहेज नहीं करती थी। तभी तो उसके साथ के लड़के उसे 'हरियाणा की भैंस' कहकर चिढ़ाते थे। इसी तरह वह धीरे-धीरे और फुर्तीली होती गई और दिन-ब-दिन उसके खेल में निखार आता गया।

इस बीच 2001 में बैडमिंटन की दुनिया में एक और बड़ा काम हो गया। ऐसा काम अब तक सिर्फ एक बार ही हुआ था, जब प्रकाश पादुकोण ने 1980 में ऑल इंगलैंड चैंपियनशिप जीती थी। 2001 में यही काम हैदराबाद के पुलेला गोपीचंद ने कर दिया था। उस जीत ने देश में बैडमिंटन के खिलाड़ियों में नए जोश का संचार किया। साइना नेहवाल ने उस जीत के बाद तो और भी मेहनत करनी शुरू कर दी। वह कभी-कभी गोपीचंद के साथ अभ्यास भी करती रहती थी। लिहाजा उसे तभी लगने लगा था कि आने वाले समय में मैं भी कभी आगे जाऊंगी और विदेश

जाकर खूब खिताब जीतूंगी। वैसे भी पुलेला गोपीचंद की खिताबी जीत के बाद बैडमिंटन के विशेषज्ञों ने यह भविष्यवाणी करनी शुरू कर दी थी कि अब इस खेल का भविष्य भारत में भी सुरक्षित है और आने वाले समय में बच्चे इस खेल की तरफ भी आकर्षित होंगे।

सन् 2002 साइना नेहवाल के लिए बहुत ही शानदार वर्ष रहा है। जूनियर सर्किट में उस साल साइना ने बहुत ही धमाल किया। आरिफ सर ने उससे मुंबई जाकर 'नेशनल सीनियर सर्किट' में खेलने को कहा, जहां पर वह क्वार्टर फाइनल में हार गई। इस हार से उसने सबक सीखा। इसके बाद भी उसके खेल में किसी तरह की गिरावट नहीं आई। वह दिन-ब-दिन और बेहतर होती चली गई।

पुराने दिनों को याद करते हुए साइना नेहवाल बहुत भावुक हो जाती हैं। वह बताती हैं, 'अगर आप छुट्टियों पर हों तो घूमना-फिरना किसी मस्ती से कम नहीं, लेकिन मेरे लिए कहीं आना-जाना भी खेल के लिए ही हुआ करता था। शुरू-शुरू में यह काम बहुत रोमांच पैदा करने वाला रहा। उन दिनों मेरा विदेश जाना-आना बिलकुल भी नहीं हुआ करता था। 2003 में चेक टूर्नामेंट के बाद हमने तीन टूर्नामेंट और खेले। 2004 में भी विदेशों में दो-तीन टूर्नामेंटों का मौका मिला। लेकिन साल-दर-साल वरिष्ठता क्रम में जैसे-जैसे मैं ऊपर उठती गई, मुझे ज्यादा-से-ज्यादा विदेशों में खेलने के मौके मिलते चले गए। अब आज की स्थिति यह है कि खेल मेरी जिंदगी का एक अहम हिस्सा बन पड़ा है। अब तो घर और एयरपोर्ट के बीच की सड़कों पर ज्यादा-से-ज्यादा भागना होता है। विदेशों में जो भी टूर्नामेंट हों, उनके लिए दिल्ली एयरपोर्ट से ही जाते हैं, इसलिए घर से वहां तक की यात्रा कुछ और लंबी हो जाया करती है। जहाज के अंदर मन लगाने के लिए या तो फिल्म, मैच या कार्टून देखती हूं या फिर एंग्री बर्ड्स के कई सारे मैच खेलती हूं। आजकल आईपैड ने तो कमाल ही कर रखा है, क्योंकि टाइमपास का इससे अच्छा कोई जरिया नहीं हो सकता, इसलिए मैं इसी से ज्यादातर चिपकी रहती हूं।

वह बताती है, 'मेरी पहली विदेश यात्रा 16 साल की उम्र में अकेले हुई थी। अंतर्राष्ट्रीय स्तर पर वह मेरा तीसरा साल था, तब के बाद मैं हमेशा अपनी टीम के साथ ही विदेश यात्रा पर जाती रही हूं। लेकिन चीन के ग्वांगझाउ में एक छोटे प्रशिक्षण कार्यक्रम के लिए मुझे अकेले ही

जाना पड़ा था। इस यात्रा को मित्तल चैंपियंस ट्रस्ट ने प्रायोजित किया था। चीन की विदेश यात्रा इतनी महंगी थी कि मैं अपने साथ मम्मी-पापा को नहीं ले जा सकी। विदेश यात्रा पर अकेले जाना थोड़ा मुश्किल काम है और सच कहूं तो मेरे लिए यह थोड़ा परेशान करने वाला भी होता रहा। शुरू-शुरू में तो लोगों को यह कहना भी मुश्किल जान पड़ रहा था कि मैं एक खिलाड़ी हूं। इमीग्रेशन लाइन का डर भी कहीं-न-कहीं मन में बैठा जा रहा था। लेकिन एयरपोर्ट के प्रवेश द्वार पर मेरी अगवानी की जाती और होटल में पहुंचने के बाद तो सब कुछ सामान्य-सा हो जाता। विदेश यात्रा से लौटने के बाद इमीग्रेशन लाइन इतनी लंबी हुआ करती कि सबसे पहले मुझे इसका आदी हो जाने का ख्याल आने लगा। इसमें वैसा कुछ बुरा तो नहीं था, लेकिन इंतजार करना पड़ता कि कब मेरी बारी आएगी। मुझे वे सारे वाक्ये भी याद हैं, जब इमीग्रेशन अफसर कई तरह के सवाल पूछते और बार-बार मेरा चेहरा झांकते कि पासपोर्ट पर लगा फोटो मेरा ही तो है। इसके बाद मैं अपना सारा सामान लेती और घर के लिए निकल पड़ती। ऐसी यात्राएं अब मुझे ज्यादातर अकेले ही करनी पड़ती थीं, इसलिए वापस घर पहुंचने के बाद मुझे ऐसा लगता कि जैसे मैंने कोई बड़ी बाजी मार ली हो। यह दास्तान मेरी पहली यात्रा की है।

2008 में 'मास्टर्स सुपर सीरीज' के लिए मैं अकेले शंघाई गई। उस दौरान मैं वहां पांच दिन रही और तब मेरी रूममेट कनाडा की खिलाड़ी एना राइस थीं। वह वरिष्ठ भी थीं और अनुभवी खिलाड़ी भी। शुक्र है कि हम दोनों में सब कुछ ठीक रहा। राइस मेरे लिए बहुत मददगार साबित हुईं, जिन्होंने मुझे घर की याद वाली बीमारी से मुक्ति दिलाई। किसी शाम जब मैं हिंदी सिनेमा देखती तो वह भी मेरे साथ शामिल हो जाया करतीं। उस यात्रा के दौरान सबसे ज्यादा समस्या मेरे खाने को लेकर हुईं। उस वक्त मैं शाकाहारी थी और चीन जैसे देश में शाकाहारी भोजन ढूंढ पाना अपने आप में बहुत बड़ी बात है। स्थिति यह हो गई कि मेरा ज्यादा समय कुछ भोजन ढूंढने की कोशिश में ही गुजरता।

संयोग यह रहा कि मैं और एना लगातार संपर्क में रहे और बाद में हम दो साल के लिए युगल पार्टनर भी बने रहे। हमारे बीच सब कुछ अच्छा रहा, साथ-साथ हम अच्छा खेलते भी रहे। दिल्ली राष्ट्रमंडल खेल-2010 में मेरे ख़िलाफ एना का वह अंतिम मैच रहा, जिसमें मैं सम्मानित की गई। मैं मैच तो

जीत गई, लेकिन एना को मैंने कभी विरोधी खिलाड़ी के रूप में नहीं देखा।

2008 में मैं हांगकांग और डेनमार्क अकेले गई। हरेक दौरे पर मैं कुछ सामान्य होती चली गई, लेकिन घर की याद वाली बात तब भी मुझे परेशान करती रही। दिन में कई बार मैं मम्मी-पापा को फोन करती, इस कारण मेरा फोन बिल उस साल बहुत ज्यादा आया। लगभग एक-एक लाख रुपये का बिल दो बार आया। बाद में मैंने महसूस किया कि मुझे कोई स्थानीय सिम कार्ड लेना चाहिए, ताकि मेरा फोन बिल उतना न आए। लेकिन इन बातों को धीरे-धीरे मैं महसूस करती चली गई और समय के साथ सब कुछ सीखती चली गई।

मुझे लगता है कि मेरे आगे बढ़ने में यात्राओं ने सबसे बड़ी भूमिका निभाई है और इसी ने मुझे जिम्मेदारी लेना भी सिखाया। मुझे खुद क्या करना है, देश-विदेश की यात्राओं ने ही सिखाया। सबसे बड़ी बात यह कि अपने माता-पिता के साथ न रहते हुए भी मैंने अपने खेल पर खुद को पूरी तरह से केंद्रित किया। लेकिन मुझे सबसे ज्यादा खुशी तब होती, जब मेरे साथ मेरे पापा होते। फोन के बिल तो कम आते ही, उनके आसपास रहने से मुझमें बहुत अंतर भी झलकता। लेकिन हर समय हर यात्रा में यह संभव न था।

वह कहती हैं कि 2006 के बाद मेरे विदेशी टूर्नामेंटों की संख्या बढ़ती चली गई, इस कारण मेरी यात्राओं में भी बढ़ोतरी हुई। हालांकि ऐसी यात्राएं ज्यादातर एशिया और यूरोप के बीच ही रहीं। हरेक साल मुझे मलेशिया, इंडोनेशिया, चीन और कोरिया की दो-दो बार यात्रा करनी पड़ी। सिंगापुर, जापान, थाईलैंड, ताइवान, हांगकांग और मकाऊ साल में कम-से-कम एक बार तो जाना ही पड़ता। साल के बाकी बचे महीनों में मुझे फ्रांस, डेनमार्क, स्विट्जरलैंड और जर्मनी जाना होता। ऐसी यात्राएं हमेशा ग्लैमर से भरी नहीं हुआ करती थीं और कभी-कभी तो मुझे इससे भारी मुश्किल भी होती। लंबी दूरी की हवाई उड़ान, बहुत देर तक जहाज में बैठने से थकान हो जाया करती, खासकर तब जब कई फ्लाइटें बदलनी होतीं थीं। आराम और प्रशिक्षण के लिए ज्यादा समय नहीं मिल पाता था। साथ ही सोने के लिए भी समय की कमी पड़ जाती। मैदान पर मैच खेलती और सीधा होटल लौट जाती। मेरा विशेष ध्यान भोजन पर होता, खासकर थाई फूड पर। ऐसे में मुझे अपने डाइट पर भी ध्यान देना पड़ता था, क्योंकि

विदेश यात्राओं की सारी दिनचर्या अस्त-व्यस्त रहती थी। कोई मैच जीतने के बाद इसका जश्न मैं आइसक्रीम खाकर मना लिया करती थी, इसके बाद तुरंत अपना सामान पैक करती और या तो घर के लिए रवाना होती या फिर अगले टूर्नामेंट के लिए। तब उस समय मेरी स्थिति यह हो जाती कि इसके अलावा मेरा ध्यान कहीं भी घूमने-फिरने पर होता ही नहीं, क्योंकि मेरे पास समय बिलकुल ही नहीं होता था।

## टूर्नामेंट की सूची

- जनवरी में मलेशिया सुपर सीरीज और कोरिया प्रीमियम सुपर सीरीज।
- फरवरी में उबेर कप और सुदिरमन कप।
- मार्च में ऑल इंगलैंड बैडमिंटन चैंपियनशिप और स्विस गोल्ड ग्रां पी।
- जून में इंडोनेशिया सुपर सीरीज, सिंगापुर सुपर सीरीज और थाईलैंड गोल्ड ग्रां पी।
- अगस्त में डेनमार्क सुपर सीरीज और फ्रांस सुपर सीरीज।
- सितंबर में चाइनीज ताइपेई और जापान सुपर सीरीज।
- अक्टूबर में चीन सुपर सीरीज।
- नवंबर में हांगकांग सुपर सीरीज और मास्टर सुपर सीरीज।

इन टूर्नामेंटों में खेलने के लिए मुझे पहले चयनित होना पड़ता था। चयन वरीयता क्रम के आधार पर होता और इसके लिए बैडमिंटन एसोसिएशन ऑफ इंडिया (बीएआई) ने मेरा नाम ऐसे आयोजनों के लिए आगे बढ़ाया और प्रवेश शुल्क के तौर पर 250 अमेरिकी डॉलर भी चुकाए। बीएआई एक राष्ट्रीय संस्था है, जो यह तय करती है कि किस प्रतियोगिता में किसे भाग लेना है। अगर किसी कारणवश या फिर चोट की स्थिति में मुझे टूर्नामेंट में हिस्सा नहीं लेना होता, तो इसके लिए पहले ही बीएआई को सूचित कर देना होता, ताकि वह मेरा नाम आगे न बढ़ाए।

कुछ साल तक इस तरह के टूर्नामेंट में खेलने का ऐसा ही सिलसिला चलता रहा। प्रतियोगिता खेलने के बाद दिमाग में हमेशा यह बात बनी रहती कि पिछले खेल की तुलना में अगले मैच में कैसे अच्छा प्रदर्शन करना है या फिर पिछली जीत को कैसे बनाए रखना है। ये सारी प्रतियोगिताएं इस कदर सम्मानित रहें  कि उनमें हिस्सा लेने वाली बात ही मेरे अंदर

रोमांच पैदा करती रहती। इसके अलावा हरेक चार साल पर आयोजित होने वाले ओलंपिक, राष्ट्रमंडल खेल और एशियन मैच में भी मैं भारत का प्रतिनिधित्व करती रही।

मेरी इन बातों से आप लोगों को शायद ऐसा लग सकता है कि मैंने सिर्फ अंतर्राष्ट्रीय टूर्नामेंटों में ही हिस्सा लिया और देश की बैडमिंटन प्रतियोगिताओं से मैं दूर रही। कुछ हद तक बात सही भी है, क्योंकि देश में मैंने बहुत ज्यादा हिस्सा नहीं लिया। हालांकि अपने प्रायोजकों के आग्रह पर मैंने 'इंडियन राष्ट्रीय चैंपियनशिप' में खेलने का प्रयास किया था। प्रायोजकों के लिए यह अहम आयोजन है, क्योंकि देश के युवाओं में बैडमिंटन के प्रति दिलचस्पी बढ़ाने के लिए यह सही प्रयास हो सकता है। अगर उसी वक्त पर मुझे किसी टूर्नामेंट में हिस्सा नहीं लेना होता, तो मैं हमेशा उन आयोजनों में भाग लेने की इच्छा रखती हूं।

अपने पसंदीदा शहरों का जिक्र करते हुए साइना बताती हैं कि मेरे ज्यादातर टूर्नामेंट दक्षिण-पूर्व एशिया क्षेत्र में हुए हैं, जहां बैडमिंटन को पसंदीदा खेल का दर्जा प्राप्त है। इसलिए इसमें कोई अचरज की बात नहीं कि इसी क्षेत्र के शहर मेरे पसंदीदा शहर रहे हैं। हालांकि इधर मेरा खूब आना-जाना हुआ, लेकिन घूमने के लिहाज से मैं कभी इसमें शामिल नहीं हुई। हमारा कार्यक्रम इतना व्यस्त होता कि खेल के अलावा इधर-उधर का मौका ही नहीं मिल पाता। बावजूद इसके मेरे कुछ पसंदीदा शहर हैं, जिनके बारे में मैं बता रही हूं-

**हैदराबाद :** इस शहर में मेरे माता-पिता किसी अजनबी की तरह ही आए थे। यहां न तो हमारा कोई दोस्त था और न ही कोई रिश्तेदार। हम तो हैदराबाद से बहुत दूर बसे हिसार से यहां आए थे, जहां हमारा घर था। लेकिन आज हैदराबाद हमारे लिए ऐसा शहर बन गया है, जिसने हमें सब कुछ दिया और मेरी जिंदगी को अहम बनाया। हैदराबाद का इतिहास अपने आप में इतना धनी है कि बरबस हम इसकी ओर खिंचे चले गए। यहां पर कई दिलचस्प स्थान हैं, जैसे- गोलकुंडा का किला, चारमीनार, सालारजंग संग्रहालय, लुंबिनी पार्क, हुसैन सागर झील। आधुनिकता के स्तर पर हुसैन सागर झील के बीचोबीच खास आकर्षण की जगह बुद्ध है की प्रतिमा। अन्य स्थानों के अलावा रामोजी फिल्म सिटी भी अपने आप में खास है। मेरा तो यह भी मानना है कि एथलीटों के लिए जिस प्रकार के मौसम

की जरूरत होती है, उस लिहाज से हैदराबाद सही है। यहां के अनुकूल मौसम से मुझे भी बहुत फायदा हुआ।

**सिंगापुर :** मुझे खरीददारी बहुत पसंद है, खासकर सिंगापुर में। मैं हमेशा ऐसा मनाती हूं कि मेरे पास और समय हो ताकि मैं यहां गुजार सकूं। यहां की सड़कें चौड़ी और साफ-सुथरी हैं। यहां कई मॉल और रेस्तरां हैं। जो लोग लजीज खाने और जमकर खरीददारी के शौकीन हैं, उनके लिए यह स्वर्ग से कम नहीं। छुट्टियां गुजारने के लिए सिंगापुर मेरा पसंदीदा स्थान है। फुर्सत में मैं अपना समय यहीं गुजारना पसंद करती हूं।

**पेरिस :** जाड़े के दिनों में तो यह किसी चमत्कारी शहर से कम नहीं। मैं उन स्टेडियमों को बहुत प्यार करती हूं, जहां ओलंपिक आयोजित हुए हैं। जब पापा मेरे साथ होते तो हम एफिल टावर जाते, मोनालिजा को देखने के लिए लूवर संग्रहालय भी जाते। पापा के साथ घूमना बहुत आनंददायक होता है, क्योंकि उन्हें ऐसे स्थानों के बारे में बहुत जानकारी होती है।

**कुआलालंपुर :** मैं मलेशिया में लगातार खेलती रही हूं, इसलिए मेरा इस शहर से प्यार पनपता चला गया। यहां के लोग मुझे पहचानते हैं, यह अपने आप में एक खूबसूरत अहसास हैं। मैं इस शहर को हमेशा ज्यादा-से-ज्यादा जानना चाहती थी, लेकिन प्रतियोगिता की व्यस्तता के कारण ऐसा संभव नहीं हो पाता। हालांकि साल 2004 से ही मैं यहां आ रही हूं, लेकिन यहां के पेट्रोनास टावर को देखने का मौका 2010 में मिला, जब पापा मेरे साथ यहां आए।

**बर्मिंघम :** ऑल इंगलैंड बैडमिंटन चैंपियनशिप, जिसे सभी बैडमिंटन टूर्नामेंटों की जननी माना जाता है, का बर्मिंघम ही स्थान है। यहां की सड़कें बहुत चौड़ी हैं, जिन पर निकलना दिल को खुश कर जाता है। सड़कों पर भीड़ भी नहीं दिखती। मैं यहां अकसर मार्च महीने में आई हूं, जिस दौरान यहां का तापमान 3-4 डिग्री सेल्सियस तक पहुंच जाता है। कड़ाके की ठंड होती है।

**शंघाई :** चीनी शहरों में सड़कों और नहरों का जबरदस्त नेटवर्क है। कहीं-कहीं तो एक साथ चार-चार पुल बने हैं, एक के ऊपर एक और इसे देखना बहुत रोचक होता है।

**हांगकांग :** हांगकांग में कई गगनचुंबी इमारतें हैं, तैरते रेस्तरां और डिज्नीलैंड भी। 2010 में जब मैंने हांगकांग ओपन जीता था, तब पापा और

अपने टीम सदस्यों के साथ हमने डिज्नीलैंड में ही इसकी खुशियां मनाईं। लेकिन मेरी सबसे दिलचस्प याद शिरोमणि गुरुद्वारा का लंगर है, जहां मैं साल 2010 में अपनी टीम के साथ गई थी।

**टोक्यो :** जापान का टोक्यो निहायत ही सुंदर शहर है। यहां की सड़कें एक-दूसरे से इतने करीने से जुड़ी हुई हैं कि किसी को किसी तरह की परेशानी नहीं होगी। तकनीकी आधार पर यह शहर बहुत उन्नत है। अगर आपको कोई गैजेट खरीदना हो तो इससे बढ़िया और कोई शहर नहीं हो सकता।

**दुबई :** खरीददारी करने वाला शायद ही कोई आदमी हो, जिसे दुबई पसंद न हो। हालांकि दुबई में खरीददारी के अलावा भी बहुत कुछ है। दुनिया की सबसे बड़ी इमारत बुर्ज ख़लीफा भी यहीं है। इसके अलावा यहां समुद्र में बने होटल, एक्वेरियम और खासकर गोल्डसुक को भी देखने से मन नहीं भरेगा।

**मेलबोर्न :** दक्षिण के देशों में मुझे सबसे ज्यादा मेलबोर्न पसंद है। ऑस्ट्रेलिया का यह साफ-सुथरा शहर है। यहां के स्टेडियम बहुत बड़े-चौड़े और सुंदर हैं। यहां खेलना मुझे बहुत पसंद है। मैं यह भी बताना चाहती हूं कि यहां के लोग बहुत सरल और मेहमाननवाज हैं।

कुल मिलाकर, यह भी कहा जा सकता है कि साइना नेहवाल में घमंड नाम की कोई चीज नहीं है। वह पहले की तरह ही अब भी बहुत बिंदास और गंभीर स्टाइल में ही रहती है और खेलती भी है।

सिर्फ 25 साल की उम्र में इतने बड़े-बड़े खिताब जीतने के बाद भी उसमें रंज मात्र भी घमंड नहीं है। वरना जिस खिलाड़ी को पद्मश्री और राजीव गांधी खेल रत्न से सम्मानित किया जाए, साथ में ओलंपिक पदक भी जीत ले, प्रतियोगिताएं तो बहुत जीतीं और अब वर्ल्ड रैंकिंग में भी वह नंबर-वन है। फिर भी उसके पैर धरती पर ही हैं। इसका सीधा-सा अर्थ यही है कि वह है चैंपियन खिलाड़ी। असली चैंपियन ऐसे ही तो होते हैं।

# 12. बैडमिंटन की सुपर गर्ल

कहने को तो साइना नेहवाल का बैडमिंटन कैरियर सजाने और संवारने में उनके कोचों की भूमिका भी बहुत ही महत्त्वपूर्ण रही है। नानी प्रसाद से लेकर पुलेला गोपीचंद तक ने साइना के साथ खूब मेहनत की और पूरी मेहनत की, लेकिन साइना के कैरियर को संवारने में उनके पापा डॉ. हरवीर सिंह और मम्मी उषा रानी का भी बहुत योगदान है। विशेषकर मां की भूमिका इस संदर्भ में बहुत ही महत्त्वपूर्ण रही है। उसका समर्पण और त्याग हमेशा से ही प्रशंसनीय भी रहा है और अतुलनीय भी। चाहे स्थानीय स्तर की प्रतियोगिताएं रही हों, राज्य स्तर की या फिर राष्ट्रीय स्तर या अंतर्राष्ट्रीय स्तर की– सबमें उनकी मां की भूमिका हमेशा से ही सार्थक भी रही है और प्रशंसनीय भी। आज अगर साइना दुनिया की नंबर-वन खिलाड़ी बनी है, तो उसे बनाने में मां उषा रानी का भी पूरा योगदान रहा है। हकीकत तो यह है कि साइना के अंदर बैडमिंटन के प्रति रुचि जगाने और उसे बैडमिंटन खिलाड़ी बनाने में मां उषा रानी का ही हाथ है।

जिन लोगों ने हरवीर सिंह, उषा रानी या साइना नेहवाल से मुलाकात की है या फिर जो लोग इनसे परिचित हैं, वे जानते हैं कि मां-बेटी यानी उषा रानी और साइना नेहवाल में कितनी साम्यताएं हैं, कितनी समानताएं हैं। साइना को प्रोत्साहित-उत्साहित करने के लिए उसकी मां घड़ी की सुई की तरह उसके पीछे लगी रहती थी। इस सबका ही सुपरिणाम है कि साइना के सपने अब पूरे होने शुरू हो गए हैं। उषा रानी से इस संदर्भ में बात करो तो वह कहती हैं, 'साइना को देखकर लगता है, जैसे जूनियर उषा रानी खेल रही है। मैं अपनी जिंदगी में जो हासिल नहीं कर पाई, मैंने अपनी बेटी को हासिल करवा दिया।'

वैसे साइना के पिता डॉ. हरवीर सिंह, कोच गोवर्धन भी इसी बात को कहते हैं। जब साइना की उम्र 13-14 साल की थी, तब उसकी मां की मेहनत और प्रोत्साहन देखते ही बनता था। उसके खान-पान से लेकर अभ्यास और टूर्नामेंट– सबमें उषा रानी ने इतना बेहतरीन तालमेल कर दिखाया था, वह देखने लायक था। यहां तक कि उषा रानी साइना से बस या ऑटो में भी सिर्फ-और-सिर्फ बैडमिंटन की ही बातें करती थीं।

यही नहीं, साइना कभी-कभी जब खराब खेलती थीं तो डरती भी थीं कि मम्मी की डांट पड़ेगी। खराब खेलने के बाद यदि वह डरती जबकि अच्छा खेलने के बाद वह खुश होती थी कि अब मां शाबाशी देगी। वह बताती है कि मैं स्वयं को मजबूत और अच्छे दमखम वाला बनाने के वास्ते छोटी उम्र में तीन-तीन घंटे जिम में बिताया करती थी।

हैदराबाद के लाल बहादुर स्टेडियम में लगे कैंपों की वजह से साइना का दूसरा घर लगभग वहीं बन गया था। पुलेला गोपीचंद के कैंप में जाने से पहले तक वह यहीं आती थी और सुबह 6 बजे से 10:30 बजे तक अभ्यास किया करती थी। फिर दोपहर 2 बजे से शाम 4:30 बजे तक अभ्यास करती थी। यह उन दिनों का हाल होता था, जब स्कूल बंद रहते थे। जब स्कूल खुले होते थे, तब वह सुबह 6 से 8 बजे तक और शाम को 4 बजे से 7 बजे तक बैडमिंटन में ही व्यस्त रहती थी, मस्त रहती थी। मजे की बात तो यह है कि अंडर-10 का टाइटल उसने उसी श्रावणी को हराकर जीता, जिससे चेन्नई में हार गई थी। तब उसे पापा हरवीर सिंह ने भी कई पुरस्कार दिए और पूरा परिवार प्रभु के दर्शन करने तिरुपति गया।

अपने प्रारंभिक दिनों को याद करते हुए साइना कहती हैं... 'मैं शिखर पर कैसे पहुंची, इसका एक छोटा-सा इतिहास है। आप भी जानते हैं कि आगे बढ़ते रहने के सफर में हमेशा कामयाबी और नाकामी मिलती रहती है। किसी भी खेल में आगे बढ़ने के लिए लगातार प्रदर्शन करते रहिए और एक-एक कदम आगे बढ़ते रहिए। इसके लिए कोई छोटा रास्ता नहीं होता। मेरे सफर का पहला पड़ाव जिला स्तर था, दूसरा राज्य स्तर और फिर तीसरा राष्ट्रीय स्तर का था, लेकिन मैं हमेशा से अंतर्राष्ट्रीय स्तर पर खेलना चाहती थी। जब मैं 12 बरस की थी, तब राष्ट्रमंडल खेल की टीम इवेंट का हिस्सा थी। उस टीम की मुख्य खिलाड़ी अपर्णा पोपट थीं। उस समय वह महिला खिलाड़ियों में देश की सर्वश्रेष्ठ खिलाड़ी थीं। सबकी

निगाहें उन्हीं पर टिकी थीं। मैं ठहरी एक जूनियर खिलाड़ी, जिसकी कोई रैंक नहीं थी, इसलिए सारा समय बेंच पर ही बैठकर बिताना पड़ा। वहां होते हुए भी नहीं खेलने से मैं कुंठित हो रही थी। कोर्ट में जाने के लिए मेरा मन मचल रहा था। मैं बहुत नई थी, इसके अलावा और क्या कर सकती थी, लेकिन उस दिन मेरा दिन अच्छा था और मैंने अपने समय का उपयोग बुद्धिमानी से किया। मैंने प्रशिक्षण लेते हुए दूसरों का खेल देखने में समय बिताया, खासकर अपर्णा का खेल देखने में।

सच में, मैं अंतर्राष्ट्रीय खेलों के आयोजन का हिस्सा बनना चाहती थी। एक साल बाद 2003 में मुझे यह मौका मिला, जब मैंने प्राग में 'चेकोस्लोवाकिया जूनियर ओपन' में खेलने के लिए प्रस्थान किया। यह एक अंडर-19 टूर्नामेंट था। इसके फाइनल में पहुंचने से पहले मैंने पांच राउंड मैच खेला और फाइनल मैच में स्वर्ण पदक जीता। तब मैं 13 बरस की थी, उस समय मेरी कोई रैंक नहीं थी, क्योंकि इससे पहले मैंने अंतर्राष्ट्रीय स्तर का कोई मैच नहीं खेला था। फिर भी मैं विश्व के 20वीं और 60वीं रैंक की खिलाड़ी को हरा चुकी थी और वह भी सीनियर वर्ग में। इसलिए मैं कभी भी रैंक पर ज्यादा ध्यान नहीं देती हूं, क्योंकि जब रैंक बहुत ऊपर होती है, उसे थोड़ा ही फायदा मिलता है। जिनके पास रैंक होता है, उन सभी खिलाड़ियों को क्वालीफाइंग मैच में जीतने का मौका मिल जाता है। लेकिन इसकी अपनी एक सीमा रेखा होती है। उसके बाद खिलाड़ियों की उम्र और रैंक का कोई मतलब नहीं रह जाता है।

इस जीत ने मुझे आत्मविश्वास से लबरेज कर दिया और इसका ठोस सबूत दिया कि अंतर्राष्ट्रीय स्तर पर बैडमिंटन खेलने के लिए जो चीज चाहिए, अब वह मेरे पास थी। उस रात हम लोगों ने बाहर खाना खाकर जश्न मनाया। हमारी टीम से ही आनंद पवार नामक एक और खिलाड़ी था, ज़िसने इसी टूर्नामेंट के पुरुष वर्ग में जीत हासिल की थी। हम दोनों ने मिलकर टीम के सभी सदस्यों को खाना खिलाया। मुझे याद है कि मैं उस शाम चॉकलेट-पर-चॉकलेट खाती जा रही थी...ये लम्हा भी मेरे यादगार लम्हों में एक है।

जब मैं 15 बरस की थी, तब राष्ट्रीय स्तर पर सीनियर वर्ग में खेलना शुरू कर दिया था। वर्ष 2005 में मैं अपर्णा से हार गई और दूसरे स्थान पर रही। इसके बाद मैंने 'एशियन सैटेलाइट बैडमिंटन टूर्नामेंट' में जीत

दर्ज की। हालांकि शीर्ष पर पहुंचने के लिए मैं अंतर्राष्ट्रीय स्तर पर खेलने की शुरुआत कर चुकी थी, क्योंकि कितने टूर्नामेंट में खेले गए हैं, यहां इसकी भी अहमियत होती है। मेरी नज़र उबेर कप-2006 पर थी। इस प्रतियोगिता का आयोजन जयपुर में हुआ। मैंने जितने भी एकल मैच खेले, सभी में मेरी जीत हुई। दुर्भाग्यवश मेरी टीम फाइनल में नहीं पहुंच सकी।

इस हार के बावजूद, मैंने अगले बड़े टूर्नामेंट यानी राष्ट्रमंडल खेल-2006 पर ध्यान केंद्रित कर रखा था। मुझे उम्मीद थी कि इस बार मुझे खेलने का मौका मिलेगा। इस बार भी मैं टीम में जूनियर खिलाड़ी ही थी, लेकिन इस बार मेरी रैंकिंग 70 थी और यह मेरे अंतर्राष्ट्रीय मैच खेलने की वजह से संभव हुआ था। यहां मुझे अतिरिक्त खिलाड़ी के रूप में रखा गया था। इस बार भी अपर्णा पोपट ही सबसे बेहतर खिलाड़ी थीं और सीनियर भी। वही हम लोगों का तुरूप का पत्ता थीं, इसलिए उन्हीं को एकल खेलने के लिए कहा गया, लेकिन वह घायल हो गई। जब यह साफ हो गया कि वह अब नहीं खेल पाएगी, तब मैं टीम के कोच विमल कुमार सर के पास गई और बोली, 'सर! एकल प्रतियोगिता मैं खेलूंगी।' हालांकि हम दोनों जानते थे कि इसमें थोड़ा खतरा है, फिर भी उन्होंने इसके बारे में सोचा और एकल प्रतियोगिता में मेरे खेलने पर सहमत हो गए। इस तरह से मैं कोर्ट में पहुंची, जिसके लिए मैंने बहुत लंबे समय तक इंतजार किया था।

क्वालीफाइंग मैच जारी रहा और मैं सबको पीछे छोड़ती हुई क्वार्टर फाइनल में पहुंच गई, लेकिन यहां मैं सिंगापुर की मशहूर खिलाड़ी जिंग आयिंग से हार गई। फिर भी राष्ट्रमंडल खेल में मैंने कांस्य पदक जीता। मैं जानती हूं कि मैं इस खेल का हिस्सा थी। पीछे मुड़कर देखती हूं तो सोचती हूं कि मेरे पास स्वर्ण पदक जीतने का मौका था, लेकिन फाइनल में पहुंचती, उससे पहले ही मैं थक गई थी। तब मेरी फिटनेस भी आज जैसी नहीं थी और मैं टूर्नामेंट में बढ़त बनाकर भी नहीं रख पाई। मोटे तौर पर इसका सकारात्मक परिणाम यही रहा कि राष्ट्रमंडल खेल में मेरे प्रदर्शन ने लोगों को बैठने पर मजबूर किया और मेरी ओर ध्यान आकर्षित किया। मेरे ऊपर लगे इस दांव का परिणाम देखकर विमल सर खुद को बहुत हल्का महसूस कर रहे थे। इसके बाद उन्होंने मुझे बधाई दी।

वह बताती हैं कि मैंने अपने इस आत्मविश्वास को दूसरे बड़े टूर्नामेंट में भी बरकरार रखा और 'फिलीपिंस ओपन' में खेला, जहां मैं स्वर्ण पदक

जीती। लेकिन खुशी के इस मौके के दिन जश्न मनाने के लिए मेरे कोच भास्कर सर के अलावा भारतीय टीम से कोई मौजूद नहीं था। इस टूर्नामेंट में भारतीय टीम के अन्य खिलाड़ी प्रारंभिक राउंड में ही बाहर हो गए और इंडोनेशिया की राजधानी जकार्ता चले गए, जहां दूसरा बड़ा टूर्नामेंट 'डजारम इंडोनेशिया ओपन' होना था। मैंने अपनी जीत का जश्न होटल के कमरे में अकेले ही मनाया। विश्व की 66वें नंबर की खिलाड़ी मलेशिया की जूलिया वांग को मैंने सीधे सेटों में हराया था। इससे ज्यादा और क्या चाहिए। मुझे पुरस्कार राशि के रूप में नौ हजार अमेरिकी डॉलर भी दिए गए। अब तक मैंने जितने भी मैच खेले, उनमें यह राशि सबसे ज्यादा थी। इसलिए जश्न मनाने की कई वजहें थीं, मगर समय बहुत कम था, क्योंकि मुझे जल्द-से-जल्द इंडोनेशिया जाकर टीम में शामिल होना था।

टिकट लेने में कुछ गड़बड़ी हो गई और मुझे फिर से दोबारा टिकट लेना पड़ा। किसी तरह मलेशिया होते हुए मनीला से जकार्ता का टिकट मिल गया। वैसे तो टीम मैनेजर ही इन सब बातों का ख्याल रखते हैं, लेकिन इस बार मुझे खुद यह सब करना था, और समय पर जकार्ता भी पहुंचना था। यह सब काम बड़ा ही थकाऊ और तनाव भरा था। मुझे आराम करने का बहुत कम समय मिला। मैं इंडोनेशिया ओपन के पहले राउंड में हार गई। मेरे लिए इसमें कोई आश्चर्य की बात नहीं थी। थकान की जीत हुई। सौभाग्यवश, उस समय मेरे पास न तो लैपटॉप था और न ही मैंने अखबार ही पढ़ा, इसलिए मेरे बारे में क्या कहा जा रहा है, उससे जान-बूझकर अनजान रही। बाद में मैंने वह अखबार देखा, जिसे एक दिन पहले मुझमें हीरो नजर आ रहा था, वह अब मुझे जीरो बता रहा था। मीडिया की अनिश्चितता से यह मेरा पहला सामना था। मुझे कुछ ऐसा ही एहसास हुआ। मैं समझ गई थी कि मैं जो कुछ भी करती हूं वह सब खबर बनती है, चाहे वह कोर्ट के बाहर हो या अंदर, इसलिए मुझे सतर्क रहना होगा।

इसके बाद कोरिया के सियोल में 'जूनियर वर्ल्ड कप टूर्नामेंट' का आयोजन हुआ। मैं इसके फाइनल में पहुंची लेकिन वांग यिहान से हार गई। उस समय वांग यिहान का नाम दिग्गज खिलाड़ियों में शुमार था। अब मेरा कैरियर अर्पणा पोपट की बराबरी कर रहा था।

वह बताती हैं कि अगर कोई सोचता है कि यहां पहुंचकर यह बड़ा आसान काम है, तो वह बिलकुल गलत सोचता है। अगले साल यानी वर्ष

2007 की शुरुआत अच्छी रही और मैं मलेशिया ओपन के क्वार्टर-फाइनल में पहुंच गई। 'सीनियर राष्ट्रीय चैंपियनशिप-2007' में खेलने के लिए मैं सीधे कुआलालंपुर से पटना पहुंची। यहां तक तो सब कुछ ठीक था, लेकिन मार्च में 'ऑल इंगलैंड टूर्नामेंट' हुआ, जो अपने आप में बड़ा आयोजन है। इसके सेकेंड राउंड में मैं हार गई, जिससे मैं बहुत निराश हो गई। मैं भारत आ गई और फिर 'ऑल इंडिया राष्ट्रीय मैच' में खेली। यहां एकल और टीम इवेंट दोनों वर्गों में मैंने फिर स्वर्ण पदक जीते, लेकिन अंतर्राष्ट्रीय स्तर पर मेरे लिए कुछ नहीं हो पा रहा था। मलेशिया, फिलीपिंस, सिंगापुर, इंडोनेशिया, जापान, चीन, कोरिया, डेनमार्क, फ्रांस, हांगकांग, चीन ताइपेई, मकाऊ, वियतनाम... इन सभी देशों में मैंने खेला, लेकिन सभी जगह पहले या दूसरे राउंड में हार गई। उस समय मैं बहुत रोई। इसलिए साल 2007 को साइना 'आंसुओं के साल' के रूप में याद करती है। वह बताती है कि बीते साल की सफलता को बरकरार रखने का दबाव मुझे चिंतित कर रहा था। मैं जितना आगे बढ़ना चाहती, उतनी ही कठिनाई का एहसास होता। एक खिलाड़ी होने के नाते हम लोग कैरियर में आए उतार-चढ़ाव के आदी हो जाते हैं, लेकिन मैं लगातार हार का सामना कर रही थी। कई निराशाजनक प्रदर्शनों के बाद मैं अपने आपको इससे निकाल नहीं पा रही थी। सभी अखबारों में लिखा जा रहा था कि वर्तमान प्रदर्शन ने सिद्ध कर दिया कि 2006 की सफलता तकदीर का ही खेल था। इससे भी ज्यादा दु:ख तो तब होता था, जब इसके बारे में उन लोगों को लिखकर बताना होता था कि क्यों यह साल मेरे लिए बहुत खराब है। तकनीकी तौर पर मुझे जितनी जानकारी होनी चाहिए थी, वह थी, लेकिन चीनी खिलाड़ियों के विरुद्ध खेलना बहुत मुश्किल था। इस बुरे समय में मम्मी-पापा दोनों मेरे साथ खड़े रहे और मुझे एहसास दिलाते रहे कि जीत और हार तो हर खेल की सच्चाई है।

मित्तल चैंपियंस ट्रस्ट से कुछ अच्छी खबर आई, जिससे उस साल मेरे गिरते कैरियर ग्राफ को सहारा मिला। साल बीत गया, उस साल दूसरे की उपेक्षा मैं बहुत ज्यादा खुश थी। पता नहीं क्यों मैं साल 2007 को एक ऐसे साल के रूप में देखती हूं, जिसने मुझे अपने और अपने खेल के बारे में बहुत कुछ सिखाया।

आखिरकार साल 2008 आया और इसके साथ ही 'बीजिंग ओलंपिक'

का आगाज हुआ। वरीयता सूची में मेरा नाम 23वें स्थान पर था। उसी साल मई के महीने में मुझे खबर मिली कि मैं ओलंपिक में खेलने के लिए क्वालीफाई कर गई हूं। वाह! कितना अच्छा लग रहा था। ओलंपिक में तीन क्वालीफाइंग राउंड खेलना था। इनमें मैंने रूस की इला काराचकोवा, उक्रेन की ग्रेगा लारिसा और हांगकांग की वांग चेन से खेला और सबको हरा दिया ताकि क्वार्टर फाइनल में पहुंच सकूं। हर राउंड एक जंग की तरह था। यह पहली बार था, जब कोई भारतीय खिलाड़ी बैडमिंटन के क्वार्टर फाइनल में पहुंचा था, लेकिन मैं इंडोनेशिया की खिलाड़ी मारिया क्रिस्टिन युलियांती से हार गई। इसके बारे में बाद में चर्चा करूंगी।

साइना कहती है कि अंतर्राष्ट्रीय स्तर पर खेलने वाले सभी खिलाड़ियों की नज़र सुपर सीरीज और ग्रां प्री पर होती है। जिस तरह से टेनिस में ग्रैंड स्लैम का महत्त्व होता है, वैसे ही बैडमिंटन में सुपर सीरीज का होता है। यही कारण है कि इसमें खेलने की इच्छा हर किसी की होती है। सुपर सीरीज वर्ग में एक साल में 13 टूर्नामेंटों का आयोजन होता है। इसमें ग्रां प्री और ग्रां प्री गोल्ड बहुत महत्त्वपूर्ण हैं। इसके अंतर्गत 15 टूर्नामेंट खेले जाते हैं। जब भारत के लिए खेलने की बात आती है, तो राष्ट्रमंडल खेल, एशियन गेम्स और ओलंपिक सरीखे आयोजनों का हिस्सा बनने का सपना हमेशा रहा है। कुल मिलाकर, पूरे साल में 30 से 35 अंतर्राष्ट्रीय टूर्नामेंटों का आयोजन होता है। अब आप समझ सकते हैं कि सभी आयोजनों में हिस्सा लेना क्यों असंभव है और सबमें कोई क्यों भाग नहीं ले सकता है?

वर्ष 2008 में मैंने 'वर्ल्ड जूनियर चैंपियनशिप' और 'चीन ताइपेई ओपन' में जीत हासिल की थी। चीन ताइपेई ओपन, प्रतिष्ठित ग्रां प्री टूर्नामेंटों में से एक हैं। साथ ही मलेशिया में सुपर सीरीज के सेमीफाइनल में पहुंची। ऐसा लगा कि साल 2007 के निराशापन से मैं आखिरकार बाहर निकल गई हूं और मेरी गाड़ी एक बार फिर से चल निकली है। मैं बड़े-बड़े आयोजनों में हिस्सा ले रही थी और जीत भी रही थी। सबसे अच्छी बात यह थी कि किसी ने मुझे खारिज नहीं किया और लोगों ने मेरे खेल के प्रति बड़ा सम्मानीय नजरिया रखा।

साइना ने भावुक होते हुए बताया कि जिस चीज की मुझे चाहत थी और जिसके लिए मैं मेहनत कर रही थी, वह सब कुछ वर्ष 2008, 2009 और 2010 के दौरान होने लगा। इसके लिए मैं बहुत लंबे समय

से प्रशिक्षण ले रही थी और अगर मैं गलत नहीं हूं, तो इतना बहुत था। दो साल में मेरी रैंकिंग 200 से 28वें पायदान पर पहुंच गई और अब मैं धीरे-धीरे टॉप-10 की ओर बढ़ रही थी। 2008 के जाते-जाते दिसंबर के महीने में प्रतिष्ठित टॉप-10 लीग के 10वें स्थान पर पहुंच गई। जनवरी, 2009 तक एक पायदान और ऊपर बढ़ी और 9वें स्थान पर पहुंच गई। मैंने जीत के इस सिलसिले को इंडोनेशिया सुपर सीरीज-2009 और इंडियन ओपन में भी जारी रखा। भारतीय महिला खिलाड़ियों के लिए इंडोनेशिया सुपर सीरीज-2009 की जीत, यह पहली जीत थी। वैसे देखा जाए तो मेरे खेल जीवन में 2010 का साल मेरे लिए शायद सबसे अच्छा था, जब मैंने इंडिया ओपन, सिंगापुर ओपन, इंडोनेशिया ओपन, हांगकांग ओपन में जीत हासिल की। इतना ही नहीं, मैंने राष्ट्रमंडल खेल-2010 में स्वर्ण पदक भी हासिल किया। सुपर सीरीज में जीतने के बाद अब मैं एक प्रमुख लीग खिलाड़ी बन गई थी। वर्ष 2010 में मेरा रैंक बढ़कर दूसरे नंबर पर पहुंच गया। भारतीय महिला बैडमिंटन में ऐसा पहली बार हुआ था।

'अपनी रैंकिंग में आई गिरावट को मैं देखती हूं और इसके एहसास को भूल जाती हूं। अधिकतर मैं अच्छे अंक, जीत, पुरस्कार और मान्यता आदि को ही याद रखती हूं। मैंने शिखर पर होने का आनंद लिया है। यह एक ऐसे गौरव की बात थी, जिसकी चमक मैंने दूसरे भारतीयों के चेहरे पर भी देखी है। भारत एक बार फिर शीर्ष का बैडमिंटन खिलाड़ी दे सकता है, इसे देखने के लिए ज्यादा-से-ज्यादा लोग बैठे रहते थे। वाकई यह एक संतुष्टि देने वाला एहसास था।'

वह कहती हैं, 'मेरे लिए हर जीत और हर पदक खास है, लेकिन घर वापस आकर सराहना पाना एक अलग तरह की मान्यता प्रदान करता है। सबसे पहले वर्ष 2009 में अर्जुन पुरस्कार मिला, उसके बाद इंडोनेशिया ओपन और चाइनीज ताईपेई गोल्ड ग्रां प्री मिला। इसी साल स्पोर्ट्स कोच के लिए मेरे वर्तमान कोच पुलेला गोपीचंद सर को द्रोणाचार्य पुरस्कार दिया गया, इसलिए यह साल मेरे लिए और भी महत्त्वपूर्ण हो गया। (वैसे मैं बताना चाहूंगी कि उनको 2005 में पद्मश्री सम्मान भी मिल चुका है।)'

कुछ महीने बाद जनवरी, 2010 में पापा को एक फोन कॉल आया। अगर मुझसे पूछें तो यह एक ऐसा कॉल था, जो जीवन में एक बार ही आता है। कॉल करने वाले केंद्रीय गृह मंत्रालय के अधिकारी थे। उन्होंने

पूछा, 'आपकी बेटी को पद्‌मश्री सम्मान दिया जाएगा, क्या वह इसे स्वीकार करेगी?' पापा को भी ऐसी खबर आने की उम्मीद नहीं थी और वे कुछ सेकेंड के बाद ही जवाब दे पाए। उन्होंने कहा, 'यह मेरी बेटी के लिए सौभाग्य की बात है और हम लोग इसे गर्व के साथ स्वीकार करते हैं।' अगले दिन गणतंत्र दिवस था, लेकिन उसी शाम सभी समाचार चैनल 'पद्‌मश्री पुरस्कार' पाने वालों में मेरा नाम भी प्रसारित करने लगे।

यह प्रतिष्ठित पुरस्कार समारोह 25 मई को हुआ। राष्ट्रपति भवन में मौजूद होने के उस क्षण का क्या कहना! हम लोग भवन के दरबार हॉल में जमा हुए। सभी पुरस्कार पाने वालों को एक तरफ और उनके परिवार को दूसरी तरफ बैठना था। हम लोगों में से जिसका नाम पुकारा जाता था, वह उठकर जाता और राष्ट्रपति उनको पुरस्कार प्रदान करती थीं। राष्ट्रपति प्रतिभा देवी सिंह पाटील आमतौर पर किसी पुरस्कार पाने वाले से बात नहीं करती थीं, लेकिन जब मैं पद्‌मश्री पुरस्कार पाने के लिए खड़ी थी, तब उन्होंने मुझसे कहा, 'मैं टेबल टेनिस खेला करती थी।' उन्होंने मुझसे बात की, यह देखकर मैं चकित हो गई, क्योंकि मैंने ऐसा कुछ भी नहीं सोचा था। फिर उन्होंने कहा, 'ओलंपिक के अंतिम मैच में आप बहुत अच्छा नहीं खेल पाईं, मैं आपके खेल का सीधा प्रसारण टेलीविजन पर देख रही थी। मुझे आशा है कि अगला मैच अच्छा होगा।' मैं यह सब सुनकर हक्का-बक्का होकर मंच से उतरी।

लेकिन 'राजीव गांधी खेल रत्न पुरस्कार' मेरे दिल के सबसे करीब है। इस पुरस्कार के लिए सभी खेलों के खिलाड़ियों में से किसी एक को हर साल चुना जाता है और साल 2010 में यह पुरस्कार मुझे दिया गया। साल 2010 का वह स्वर्णिम क्षण था। मुझे एहसास हुआ कि सच में मैं इसके लायक थी। इसके अलावा एक और मन को छू लेने वाला पल था, जब वर्ष 2011 और वर्ष 2012 में भारतीय संसद के दोनों सदनों ने खड़े होकर मेरा उत्साहपूर्वक स्वागत किया। यह क्षण मेरे परिवार के लिए बहुत ही भावुक क्षण था और हम लोग इसे बहुत बड़े सम्मान के रूप में देखते हैं।

अपने बारे में वह बताती हैं कि चेक जूनियर ओपन-2003, यही वह टूर्नामेंट था, जिसने मुझे प्रसिद्ध किया। मैं तब सिर्फ 13 साल की थी और मैंने अंतर्राष्ट्रीय स्तर के अंडर-19 के टूर्नामेंट में जीत हासिल की थी। ऐसा लगा, जैसे मानो सपना सच हो गया हो। अब मैं अपने आपको अंतर्राष्ट्रीय

खिलाड़ी कह सकती थी। यहां तक पहुंचने के लिए मुझे लगातार चार साल तक कठिन परिश्रम करना पड़ा। मुझे पता चल गया था कि आगे बहुत कुछ अच्छा होने वाला है, जिसकी यह एक शुरुआत है।

**फिलीपिंस ओपन-2006 :** मेरे लिए वर्ष 2006 बहुत ही सार्थक रहा, क्योंकि इसकी शुरुआत फिलीपिंस ओपन में स्वर्ण पदक के साथ हुआ। हालांकि मेरी टीम से कोई भी खिलाड़ी फाइनल में जगह नहीं बना पाया था, लेकिन मैं जीतने के लिए रोमांचित थी। मेरे कैरियर में ऐसा समय से पहले ही हो रहा था और हर जीत मेरे आत्मविश्वास को बढ़ा रही थी।

**विश्व जूनियर बैडमिंटन चैंपियनशिप-2008 :** बैडमिंटन वर्ल्ड फेडरेशन, अंडर-19 विश्व चैंपियनशिप का आयोजन करती है। यह एक बहुत ही प्रतिष्ठित प्रतियोगिता है। वर्ष 2006 के आयोजन में मैं दूसरे स्थान पर थी। इसे जीतने के लिए मैंने कठिन मेहनत की थी, जो मेरा सपना सच हो जाने जैसा था।

**इंडोनेशिया ओपन-2009, 2010 और 2012 :** यह टूर्नामेंट बैडमिंटन वर्ल्ड फेडरेशन सुपर सीरीज का हिस्सा है, इसलिए यह बड़ी बात है। मुझे इंडोनेशिया में खेलना पसंद है और वहां के दर्शक भी मेरा बहुत समर्थन करते हैं। खासकर तब, जब मैं चीन की खिलाड़ी के विरुद्ध उससे बेहतर खेलती हूं। लगातार दो साल तक स्वर्ण पदक जीतने का एहसास निश्चित रूप से अलग होता है। यह भारत के लिए भी पहला स्वर्ण पदक था। इन पदकों को घर लाकर मुझे बहुत अच्छा लगा। वर्ष 2011 में मैं फाइनल में पहुंच गई थी, लेकिन वांग यिहान से सीधे तीन सेटों में हार गई। फिर भी मुझे रजत पदक मिला। इतना सब कुछ होने के बाद भी यह एक ऐसा टूर्नामेंट है, जो मेरे लिए बहुत खास है।

**ऑल इंगलैंड-2010 :** यह मेरे लिए कितना महत्त्वपूर्ण है, यह बताने की शुरुआत मैं कैसे करूं, यह समझ में नहीं आ रहा है। यह सबसे अच्छा टूर्नामेंट है, करीब 100 वर्षों से हर साल इस टूर्नामेंट का आयोजन होता है। इसमें जीतने के लिए हर बैडमिंटन खिलाड़ी लालायित रहता है। अब तक सिर्फ दो ही भारतीय खिलाड़ी ऑल इंगलैंड का चैंपियन बन पाए हैं, एक प्रकाश पादुकोण और दूसरे पुलेला गोपीचंद। मैं वर्ष 2007 के आयोजन में दूसरे राउंड में हार गई और वर्ष 2010 के आयोजन में आखिरकार सेमीफाइनल में पहुंची। भारतीय महिला बैडमिंटन खिलाड़ी के लिए ऐसा

पहली बार हुआ था। इसका मतलब मेरे लिए यह था कि फाइनल थोड़ी ही दूर है और मैं इसे पा सकती हूं।

**सिंगापुर सुपर सीरीज-2010 :** यह सुपर सीरीज टूर्नामेंटों में एक है, इसलिए यह मेरे लिए बहुत महत्त्वपूर्ण टूर्नामेंट है। वर्ष 2010 में मैं स्वर्ण पदक जीती। इस जीत ने उस साल को खास बना दिया।

**राष्ट्रमंडल खेल-2010 :** लोगों ने मुझे 'भारत का मसीहा' कहा, क्योंकि मेरी जीत ने भारत को पदक तालिका में दूसरे स्थान पर ला दिया। मैं राष्ट्रमंडल देशों में घर-घर में जानी जाने लगी, खासकर वहां जहां बैडमिंटन बहुत लोकप्रिय खेल है। वर्ष 2008 से मैं जो सपना देख रही थी, वह हकीकत में बदल गया था।

**हांगकांग सुपर सीरीज-2010 :** वर्ष 2010 के सुपर सीरीज टूर्नामेंट का यह अंतिम टूर्नामेंट था और इसमें मैंने जीत हासिल की। उस साल का यह मेरा पांचवां स्वर्ण पदक था। इससे ज्यादा और क्या चाहिए कि 28 साल के लंबे अंतराल के बाद भारत में यह पदक घर आ रहा था। इससे पहले प्रकाश पादुकोण ऐसे एकमात्र खिलाड़ी थे, जिन्होंने इस टूर्नामेंट में खिताबी जीत हासिल की थी।

इसी तरह 2011 में खेले गए बीडब्ल्यूएफ मास्टर टूर्नामेंट भी एक तरह का ऐसा आयोजन था, जिसमें दुनिया के बढ़िया-से-बढ़िया खिलाड़ी बहुत बड़ी राशि जीतने के लिए हिस्सा लेते हैं। मूल रूप से इसमें वही आठ खिलाड़ी हिस्सा ले सकते हैं, जिन्होंने बीते साल सुपर सीरीज में अपनी श्रेष्ठता हासिल की हो। चूंकि मैंने 2010 में इस सीरीज में जीत हासिल की थी, इसलिए मैं भी इस प्रतियोगिता की डिमांड को पूरा कर रही थी। इस प्रतियोगिता में भाग लेने का आमंत्रण मिलना ही मेरे लिए बहुत बड़े सम्मान की बात थी। मैं गर्व के साथ कहती हूं कि मैं इस प्रतियोगिता के फाइनल में पहुंची, लेकिन चीन की खिलाड़ी वांग विहान से मैं हार गई।

बहरहाल, यहां तक पहुंचने में ही साइना नेहवाल को बहुत-बहुत मेहनत करनी पड़ी। 2011 के बाद का उसका कैरियर बहुत ही चमत्कार वाला है और उपलब्धियों वाला भी।

# 13. बैडमिंटन के नए फंडे

बैडमिंटन का खेल ऐसा है, जिसमें अपने देश में लोग कैरियर बनाने से घबराते थे। बैडमिंटन अपने देश में खेला तो जाता था, लेकिन सिर्फ शौकिया तौर पर, परंतु प्रकाश पादुकोण के विश्व नक्षत्र में चमकने के बाद स्थितियों ने करवट बदली और कुछेक लोग इसकी तरफ आकर्षित भी होने लगे। पुलेला गोपीचंद के चैंपियन बनने के बाद स्थितियों ने फिर अंगड़ाई ली और लोग इस खेल की तरफ आकर्षित होने लगे। लेकिन ज्वाला गट्टा, साइना नेहवाल जैसी लड़कियों के इस खेल में चमकने का सीधा असर हमारे समाज पर भी पड़ने लगा और हमारे घरों की लड़कियों ने भी रैकेट उठा लिए और चल पड़ीं बैडमिंटन खेलने। वैसे भी साइना नेहवाल जिस पारिवारिक पृष्ठभूमि से निकलकर दुनिया की नंबर-वन खिलाड़ी बनी है, उसी ने दरअसल यह सामाजिक बदलाव लाने में सहायक भूमिका का भी निर्वाह किया है। आज हर परिवार में कोई-न-कोई ऐसी लड़की दिख ही जाएगी, जो इस खेल को खेलने के लिए उत्सुक हैं। यही तो है खेलों की दुनिया में होने वाली क्रांति का असली सूत्रपात। यहां पर हम साइना नेहवाल द्वारा बताए गए उन फार्मूलों, नियमों को पेश कर रहे हैं, जिनके करने या जिनका पालन करने के बाद आप या आपके परिवार का कोई भी सदस्य आसानी से यह खेल खेल सकता है।

साइना साफ तौर पर कहती है कि अगर मां-बाप को अपने बच्चों को बैडमिंटन के खेल में डालना है, तो उन्हें कम उम्र में ही ऐसा करना चाहिए। खासकर पांच से आठ साल के बीच में, ताकि वह बच्चों की क्षमता को पहचान सकें। बच्चों को खेल में डालने और उनकी रुचि को परखने की सबसे सही उम्र यही होती है। कई शहरों में क्लब और प्रशिक्षण स्कूल हैं, जहां खेल की कई सुविधाएं मुहैया कराई जाती हैं। अगर बच्चा खेल

में रुचि दिखाता है और वह दक्ष बनने की क्षमता रखता है, तो मां-बाप को इसके लिए हर स्थितियों में आगे आना चाहिए। सबसे जरूरी खेल के लिए प्रोत्साहन देना और खेल के प्रति अपना प्रेमं बनाए रखने में संतुलन कायम करना है। पैसे के बल पर खेल के प्रति प्यार दिखाना किसी भी सूरत में सही नहीं माना जा सकता। प्रशिक्षण के लिहाज से जो सेंटर ज्यादा व्यस्त हैं, उनके पास सिखाने के लिए समय बहुत कम होता है। ऐसे में हमें यह सुनिश्चित करना चाहिए कि बच्चा अमीर हो या गरीब, सभी को बराबरी का मौका मिले।

इसके अलावा मां-बाप को उनकी पढ़ाई पर भी विशेष ध्यान देना चाहिए। जितना ज्यादा संभव हो सके, मैं बच्चों को पढ़ने की सलाह दूंगी। खिलाड़ियों के कैरियर की अवधि बहुत सीमित होती है, इसलिए उन्हें इस बात का ध्यान रखना होगा कि खेल से बाहर होने के बाद कोई अच्छी नौकरी मिल सके।

जो भी खेल में अपना कैरियर बनाना चाहते हैं, उन्हें भोजन पर विशेष ध्यान देना चाहिए। इसके अलावा प्रशिक्षण की सुविधाओं और उचित खेल सामग्री का भी ख्याल रखना चाहिए। इन सबमें पैसे का ज्यादा खर्च है, इसलिए मां-बाप को संसाधनों की कमी को ध्यान में रखते हुए प्रायोजित की भी योजना बनानी चाहिए। अगर सरकार देश के कोने-कोने से प्रतिभाओं को पहचाने, उन्हें उचित प्रशिक्षण दिलवाए और खेल के दौरान और बाद में उनको अच्छी नौकरी दिलवाए, तभी यह राहत देने वाली बात बनेगी। देश में इस समय खेल को बढ़ावा देने की जो योजनाएं हैं, उनमें भी फिलहाल बहुत ज्यादा सुधार की आवश्यकता है। यदि सही चीजें, सही ढंग से चलें तो भारत में खिलाड़ियों की भी कमी नहीं होगी। यह बात भी हम सबको जान लेनी चाहिए, समझ लेनी चाहिए। अगर आपने बैडमिंटन खेला है, तो शायद आपको पता होगा कि इसे कैसे खेलते हैं। लेकिन नए-नवेले खिलाड़ियों के लिए जानकारी देते हुए साइना बताती हैं कि बैडमिंटन एक इंडोर (चारदीवारी और छत के नीचे का) खेल है। यह खेल एशिया में बहुत लोकप्रिय है, खासकर दक्षिण-पूर्व के क्षेत्रों में। इसे खेलने वाले बेहतरीन खिलाड़ियों में कुछ चीन के पास हैं। सच तो यह है कि विश्व के 10 बेहतरीन खिलाड़ियों में आधे तो चीन से ही हैं। मेरे ख्याल से, यह सबसे कठिन खेलों में एक है। इसके लिए आपको अपने

फुटवर्क को बहुत तेज रखना होगा, अपने पैरों के बारे में सोचना होगा, बांहें मजबूत रखनी होंगी, तेज-तर्रार और फुर्ती रखनी होगी तथा चोट लगने व जख्मी होने की आदत डालनी होगी।

**कोर्ट :** जैसा कि मैं पहले बता चुकी हूं कि बैडमिंटन एक इंडोर खेल है और यह टेनिस से बिलकुल अलग है। हम लोग एक आयताकार मैदान पर खेलते हैं, जो 44 फुट लंबा और 22 फुट चौड़ा होता है। आयताकार मैदान के बीचोंबीच पांच फुट की ऊंचाई तक नेट (जाल) लगा होता है, जो मैदान को दो बराबर हिस्सों में बांटता है।

**खेल सामग्री :** हम लोग बैडमिंटन रैकेट और शटलकॉक (चिड़िया) का उपयोग करते हैं। बैडमिंटन रैकेट कुछ हद तक टेनिस रैकेट की तरह ही दिखता है, लेकिन इसमें बहुत अंतर होता है। एक अंतर तो यह कि यह बहुत ही हल्का होता है और इसका धागा भी बारीक होता है। बैडमिंटन रैकेट का वजन सौ ग्राम से ज्यादा नहीं होता है। अब तक मैंने योनेक्स टिटानियम-7 और मसल पावर-777 से खेला है, ये दोनों बहुत अच्छे रैकेट हैं। आजकल मैं नैनोरे-7 से खेलती हूं। यह रैकेट लाजवाब है। शटलकॉक (चिड़िया) बत्तख के पंखों से बनाया जाता है, जो बहुत ही हल्का होता है।

**ड्रेस :** हम लोग टी-शर्ट के साथ शॉर्ट या स्कर्ट पहनते हैं। टी-शर्ट के पीछे पांच सेंटीमीटर माप के अक्षर से खिलाड़ी का नाम लिखा जाता है। इसके नीचे खिलाड़ी के देश का नाम लिखा जाता है। जहां तक मेरा सवाल है, तो मेरे मामले में प्रायोजक 'डेक्कन क्रॉनिकल' का नाम आमतौर पर मेरे सीने पर लिखा जाता है। कभी-कभी हम लोग एक छोटा विज्ञापन अपनी बांह पर भी लगाते हैं। लेकिन ओलंपिक में खेलना होता है, तब टी-शर्ट पर सिर्फ खिलाड़ी का नाम ही होता है। इसमें कोई विज्ञापन करने की अनुमति नहीं होती है।

**खेल के बुनियादी नियम :** यह खेल बहुत आसान है। एकल खेल में दो खिलाड़ी होते हैं, जो बारी-बारी से नेट के दोनों तरफ से खेलते हैं। एक सेट को जीतने के लिए खिलाड़ी को 21 अंक बनाने होते हैं। तीन सेटों के आधार पर विजेता घोषित किया जाता है। युगल खेल में कुछ नियम अलग होते हैं, लेकिन ज्यादातर यह एक जैसे ही होते हैं।

**प्वाइंट बनाना :** खेल शुरू होने से पहले सिक्का उछालकर यह तय

किया जाता है कि किस खिलाड़ी से खेल शुरू होगा। अंक बनाना बहुत ही सीधा और सरल है। अगर विपक्षी खिलाड़ी से गलती होती है तो मुझे एक अंक मिलता है और अगर मैं गलती करती हूं, तो उसे एक अंक मिलता है। सेट जीतने के लिए कम-से-कम दो अंकों का अंतर होना होता है, जैसे कि यदि मेरे पास 21 अंक है, तो विपक्षी खिलाड़ी के 19 अंक ही होने चाहिए, तभी मैं उस सेट की विजेता हो सकती हूं। अगर ऐसा नहीं होता है और सिर्फ एक अंक का अंतर रहता है, तब 30 अंक तक यह खेल जारी रहता है। जो खिलाड़ी पहले 30 अंक बना लेता है, वही उस सेट का विजेता होता है। जैसे 30-29 बनाने वाले को विजेता घोषित किया जाता है।

बैडमिंटन के रेफरी का काम भी टेनिस या क्रिकेट के अंपायरों से कुछ अलग नहीं होता है। वह अंक देते हैं, गलतियां पकड़ते हैं और खेल के नियमों का पालन करवाने के लिए जिम्मेवार होते हैं।

**कोर्ट में मनाही :** वैसे यह समझ लें कि आप खेल के कोर्ट में न तो गाली दे सकते हैं और न ही इस प्रकार का कोई संकेत या इशारा कर सकते हैं, जिससे अपमानजनक भाव प्रकट होता हो। अगर कोई खिलाड़ी इस नियम को तोड़ता पाया जाता है, तो रेफरी या अंपायर उसे पीला या लाल कार्ड दिखा सकते हैं।

**खेलने का अंदाज :** हर खिलाड़ी के खेलने का अंदाज अलग-अलग होता है। जैसे मैं आक्रामक खिलाड़ी हूं, हमेशा धावा बोलने के अंदाज में खेलती हूं। जबकि कुछ खिलाड़ी रक्षात्मक होते हैं और बच-बचाकर खेलते हैं। मुझे कोर्ट पर दौड़ना और हर शॉट का जवाब देने के लिए कठिन परिश्रम करना पसंद है। स्ट्रोक भी कई प्रकार के होते हैं। हर खिलाड़ी का अपना पसंदीदा स्ट्रोक होता है। मेरा पसंदीदा स्ट्रोक स्मैश है। विरोधी खिलाड़ी को इस स्ट्रोक का जवाब देने में बहुत मुश्किल होती है। यही तो इस स्ट्रोक की खासियत है। स्मैश के साथ-साथ ड्रॉप शॉट, टॉस शॉट और बैक शॉट होते हैं। ये सभी शॉट कोर्ट के पीछे से मारे जाते हैं। ड्राइव और डिफेंस शॉट कोर्ट के बीच से मारे जाते हैं, जबकि ड्रीब्ल, फुश और लिफ्ट शॉट को नेट के पास से खेलते हैं। इनमें ड्रॉप शॉट भी मेरे पसंदीदा शॉटों में से एक है, क्योंकि यह बहुत ही कठिन शॉटों में से एक है और इसे खेलने के लिए खेल पर अच्छी पकड़ होनी चाहिए। यह शॉट ठीक

नेट के करीब जाकर प्रतिद्वंद्वी खिलाड़ी की ओर गिरता है, जिससे ज्यादातर समय उसे छोड़ना ही पड़ता है।

**रिकॉर्ड :** यह बात आप भी जान लें कि भारत में प्रकाश पादुकोण का नाम वरीयता सूची में सबसे ऊपर रह चुका है। वे विश्व के नंबर-वन खिलाड़ी रह चुके हैं। पुरुष एकल में पुलेला गोपीचंद की एकमात्र खिलाड़ी हैं, जो वरीयता सूची में एक से 10 तक की श्रेणी में पहुंच पाए, उनका विश्व में पांचवां स्थान था। वर्ष 1983 में महिला एकल की वरीयता सूची में अमी घीया का नाम सातवें स्थान पर लंबे समय तक रहा। जब मैं वर्ष 2010 में पांचवें स्थान पर पहुंची, तब उनका रिकॉर्ड टूटा। आज मैं नंबर-वन खिलाड़ी हूं।

**अंक और वरीयता क्रम :** हम लोग जब अंतर्राष्ट्रीय आयोजन में खेलते हैं, तब विजेता के अंकों में बढ़ोतरी होती है, जिससे उस खिलाड़ी को वरीयता क्रम में ऊपर बढ़ने में मदद मिलती है। किस आयोजन में कितने अंक मिलते हैं, नीचे दिया गया है।

| | |
|---|---|
| ओलंपिक या विश्व कप | 12,000 अंक |
| मास्टर सुपर सीरीज फाइनल | 11,000 अंक |
| सुपर सीरीज प्रीमियम | 9,000 अंक |
| गोल्ड ग्रां प्री | 7,000 अंक |
| ग्रां प्री | 5,000 अंक |
| अंतर्राष्ट्रीय चेलैंजर्स | 4,000 अंक |

अगर आप किसी खिलाड़ी का नवीनतम अंक जानना चाहते हैं, तो बैडमिंटन वर्ल्ड फेडरेशन की वेबसाइट देख सकते हैं। कुल मिलाकर यह भी कहा जा सकता है कि साइना नेहवाल द्वारा बताए गए, बनाए गए फार्मूलों पर यदि गौर फरमाया जाए तो कोई भी खिलाड़ी अपने कैरियर में बहुत आगे तक भी जा सकता है। साइना इन्हीं फार्मूलों को अपनाकर ही तो दुनिया की नंबर-एक खिलाड़ी बन पाई है।

# 14. साइना के कोच

हकीकत तो यह है कि एक समर कैंप में थोड़ा-बहुत सीखकर कोई भी अच्छा खिलाड़ी नहीं बन सकता, लेकिन साइना नेहवाल के कोच नानी प्रसाद और गोवर्धन रेड्डी प्रतिभाओं को खोजने और उनको तराशने का काम पूरी मेहनत और शिद्दत से बिना किसी रोक-टोक के किया करते थे। बिना थके वे अपना काम जारी रखते थे।

यह किस्सा सन् 2011 का है, जब हैदराबाद के लाल बहादुर शास्त्री स्टेडियम के बैडमिंटन कोर्ट में 120 छोटे-छोटे बच्चे नई ड्रेस और स्नीकर्स पहने रैकेट ले रखे थे। वे सब अपने कोच को आकर्षित करने के लिए अभ्यास कर रहे थे। तभी कोच गोवर्धन ने कहा, 'इतनी भीड़ में कुछेक बच्चों को देखना कठिन काम है। इनमें से सर्वश्रेष्ठ कौन है, यह तो और भी मुश्किल काम है।' 1999 में भी लगभग ऐसा ही माहौल था, जब साइना नेहवाल भी 120 बच्चों की भीड़ में थी।

यह 1999 की ही तो बात थी, जब कोच नानी प्रसाद ने डॉ. हरवीर सिंह से कहा था कि वे साइना नेहवाल को बैडमिंटन खिलाड़ी बनाने में अपना पूरा सहयोग देने को तैयार हैं। तब हरवीर और उषा रानी भी उत्सुक थे कि मेरी बेटी किसी तरह से बैडमिंटन की अच्छी खिलाड़ी बन जाए।

समर कैंप में बेहतर प्रशिक्षण लेने के बाद ही कोच नानी प्रसाद ने जून में साइना से कहा कि वह चेन्नई में अंडर-10 श्रेणी का 'कृष्णा खेतान टूर्नामेंट' खेलने के लिए तैयार हो जाए। यह टूर्नामेंट बहुत ही प्रतिष्ठित बैडमिंटन टूर्नामेंट है। इसकी ख्याति आज भी पहले की तरह बरकरार है। हरवीर व उनके परिवार ने अन्य परिवारों की तरह ही इस टूर्नामेंट को बहुत ही गंभीरता से लिया। वे साइना नेहवाल के लिए 2700 रुपये कीमत का एक महंगा रैकेट (आइसोमैटिक) खरीदकर लाए, जबकि तब ज्यादातर

बड़े खिलाड़ी कार्बोनेम्स रैकेट इस्तेमाल करते थे, जिसकी कीमत 1700 रुपये हुआ करती थी।

उस टूर्नामेंट को याद करते हुए हरवीर बताते हैं कि यह हमारी गलती थी कि हममें से कोई भी साइना के साथ चेन्नई नहीं गया था, न मैं और न ही साइना की मां। लेकिन मेरी बेटी वहां बहुत अच्छा खेली और वह क्वार्टर फाइनल तक पहुंच गई। क्वार्टर फाइनल में वह ईस्ट गोदावरी जिले की श्रावणी के हाथों पराजित हो गई, लेकिन फिर भी उसे पुरस्कारस्वरूप 500 रुपये मिले। साथ में एक प्रमाणपत्र भी मिला। लेकिन कोई वहां से जानबूझकर या फिर गलती से साइना का महंगा रैकेट उठा ले गया। हम जब साइना को लेने सिकंदराबाद रेलवे स्टेशन लेने पहुंचे, तो वह फफक-फफक कर रोने लगी। हमने उसे समझाया और सीने से लगाते हुए कहा, 'कोई बात नहीं। हम उसके खेल से बहुत खुश हैं। पहले ही टूर्नामेंट में ऐसा प्रदर्शन सही मायने में बहुत ही उच्च स्तरीय कहा जाएगा।'

बहरहाल, एक अन्य कोच गोवर्धन का मानना था कि साइना की बाजुओं में बहुत दम है और उसके बेसलाइन हिट्स बहुत ही बढ़िया रहे हैं। हालांकि ड्रॉप्स थोड़े धीमे रहे, लेकिन अपनी उम्र को देखते हुए उसका प्रदर्शन बहुत शानदार कहा जा सकता है।

साइना की अगली प्रतियोगिता थाणे (महाराष्ट्र) में हुई, जिसमें वह अंडर-10 की प्रतियोगिता के सेमीफाइनल तक पहुंची। वह जब एक मैच खेल रही थी, तब उसकी मां ग्रिल के बाहर से खड़ी देख रही थीं। जैसे ही साइना मैच के बाद बाहर आई, तो उसकी मां उषा ने साइना के गाल पर एक चांटा मारा। यह देख कोच गोवर्धन दौड़कर उनके पास गए और बोले, 'आंटी ये क्या किया आपने?' इस पर साइना की मां का जवाब था, 'इसे यह खेल इस तरह से नहीं खेलना चाहिए। बंद करे ये खेलना, क्योंकि इसके खेल में एकाग्रता का बहुत अभाव है।'

वह दृश्य याद करके साइना आज भी भावुक हो जाती है। कहती भी है कि मेरी मां मेरे खेल के साथ भावनात्मक रूप से जुड़ी रही हैं। उन दिनों मेरी मां मेरे खान-पान, सोने वगैरह का बहुत ध्यान रखती थीं। मुझे तैयार करवाने के लिए हर साल पांच-छह टूर्नामेंट खेलने ही होते थे।

साइना नेहवाल से जब उनकी संघर्ष यात्रा के बारे में पूछा जाता है, तो वह बताती है कि मैं अपनी यह बात कई मर्तबा सबको बता चुकी हूं

कि बैडमिंटन वैसा खेल नहीं है, जिसमें आप अकेले थोड़ा-बहुत कुछ कर भी लेंगे। घर पर मम्मी-पापा मेरे पीछे हर वक्त खड़े रहे और कोर्ट में मेरे कोच और फिजियोथेरेपिस्ट ने मेरी प्रशिक्षण और फिटनेस की पूरी जिम्मेदारी ले रखी थी। इस खेल में आगे बढ़ने के लिए सब लोगों ने बहुत-बहुत मदद की।

साइना का कहना है कि उनके पहले कोच पी.एस.एस. नानी प्रसाद थे। वे बहुत ही महान कोच थे। मैंने उनसे एक साल तक ट्रेनिंग ली। सच कहूं तो वे उन कुछेक लोगों में से थे, जिन्होंने कहा था कि मैं एक दिन दुनिया के बड़े खिलाड़ियों में से एक बनूंगी। इस तरह के विश्वास और प्रोत्साहन से बहुत प्रेरणा मिलती है। इससे आप अपने बारे में जो कुछ भी सोचते-समझते हैं, उसको ही प्रामणिकता मिलती है। जब मैं उनसे प्रशिक्षण ले रही थी, तब लाल बहादुर स्टेडियम सुबह के समय सिर्फ हमारे लिए ही खुला करता था।

यह सब देखकर डॉ. हरवीर सिंह और उषा रानी ने मशहूर निजाम क्लब की सदस्यता ले ली। ऐसा उन्होंने इसलिए किया कि वहां पर बहुत ही शानदार कोर्ट था, जहां मेरी प्रशिक्षण भी बहुत मुकम्मल तरीके से हो सकती थी। सानिया मिर्जा वहां पर शाम को जाती थी और क्लब के कोच मोहम्मद अली से प्रशिक्षण लेती थी। शीघ्र ही वे साइना के अभ्यास के साथी बन गए और उन्होंने स्ट्रोकों के अभ्यास में साइना की बहुत मदद भी की। मैं बिना छुट्टी किए, हर दिन प्रशिक्षण लेती थी। रविवार को स्टेडियम बंद रहता था, तब मम्मी मुझे लेकर आई.आर.आई.एस.ई.टी. रेलवे गोल्फ क्लब जाती थीं। यह इनके घर से करीब 50 किलोमीटर दूर सिकंदराबाद में था। सुबह का अभ्यास करने के लिए मेरे क्लब से कुछ ट्रेनी वहां भी मिल जाते थे।

दिल्ली में राष्ट्रमंडल खेल-2010 के दौरान नानी सर को कुछ संक्रमण हो गया, जिससे वह उबर नहीं पाए और उसी वर्ष उनका आकस्मिक देहांत हो गया। मेरे लिए यह बहुत बड़ा सदमा था। उनके देहांत से निश्चित ही भारतीय बैडमिंटन को क्षति पहुंची।

वह बताती है कि 2001 से लेकर 2003 तक मैंने एस.एल. गोवर्धन रेड्डी और एस. मोहम्मद आरिफ सर से प्रशिक्षण ली। एस. मोहम्मद आरिफ सर को द्रोणाचार्य पुरस्कार भी मिल चुका है। मेरे स्टेमिना बढ़ाने पर ध्यान

केंद्रित करने में उन्होंने मदद की, यानी मैं लंबे समय तक खेल पाऊं, उसके लिए शक्ति जुटा पाऊं और क्षमता बढ़ा पाऊं आदि। इसके अलावा वह मुझे फिटनेस और आउटडोर प्रशिक्षण भी देते थे। कोर्ट के बाहर मुझे मजबूत बनाने का श्रेय मैं पूरी तरह से उन्हीं को दूंगी। इसके साथ-साथ गोवर्धन सर कोर्ट अभ्यास और स्ट्रोक्स के ऊपर इंडोर प्रशिक्षण पर काम करते थे। इन दोनों के बीच, इंडोर कोर्ट प्रशिक्षण और आउटडोर फिटनेस दोनों ही स्तरों पर मैं तालमेल बनाने में कामयाब हो गई। मेरे खेल की मजबूत बुनियाद रखने में और मुझे इस बात का विश्वास दिलाने में कि मैं बहुत आगे तक जाऊंगी, इन लोगों ने बहुत महत्त्वपूर्ण भूमिका निभाई। जब मैं अंतर्राष्ट्रीय टूर्नामेंटों में खेलने लगी, तब मुझे एहसास हुआ कि फिटनेस कितना महत्त्वपूर्ण होता है और इस पर मुझे अभी कितना काम करना है।

वह कहती हैं कि खिलाड़ियों के लिए एक कोच का ओहदा प्रशिक्षक से थोड़ा ज्यादा होता है। ये लोग बिलकुल परिवार के सदस्य की तरह होते हैं और हमारे कैरियर के उतार-चढ़ाव को बहुत निकट से देखते हैं। मुश्किल-से-मुश्किल चुनौतियों के समय ये हम लोगों के साथ होते हैं। किसी भी खिलाड़ी के बेहतर प्रदर्शन में इनकी भूमिका अत्यंत महत्त्वपूर्ण होती है। जब मैं 12 साल की थी, तब मेरी मां के साथ दुर्घटनाग्रस्त हो गई उन्हें सिर में गहरी चोट आई। मैं बहुत घबरा गई थी और मैंने आधी रात को गोवर्धन सर को कॉल किया। कुछ ही मिनटों में वे अस्पताल पहुंच गए। उनके आने से मुझे और मेरे परिवार को बहुत भावनात्मक मदद मिली। मां के सिर में आठ टांके लगे, उनकी हालत बहुत ज्यादा खराब थी। अगले ही दिन मुझे 'जूनियर राष्ट्रीय' खेलने के लिए गुंटूर जाना था और मैं अपने आपको जाने के लिए तैयार नहीं कर पा रही थी। जाहिर है पापा जाने के लिए दबाव डाल रहे थे, क्योंकि वहां रुककर मैं क्या करती। ऐसी स्थिति में मैं अपने परिवार को छोड़कर जाने की सोच भी नहीं सकती थी। गोवर्धन अंकल ने मुझसे पूछा कि मैं क्या करना चाहती हूं। कई घंटों तक वह इंतजार करते रहे, जब तक कि मैंने अपने आपको खेलने के लिए मानसिक रूप से तैयार नहीं कर लिया। पापा और गोवर्धन सर ने मुझसे वादा किया कि अगर मैं फाइनल में पहुंची तो वे दोनों भी वहां आएंगे। जब मैं फाइनल में पहुंच गई तो वे दोनों मेरा प्रोत्साहन बढ़ाने के लिए वहां पहुंच भी गए। उस दिन और उस टूर्नामेंट को मैं कभी भुला

नहीं पाऊंगी। मेरे घर पर ऐसी दुःखद घटना होने के बावजूद मैं खेल पाई, पीछे मुड़कर देखती हूं तो इसे सिर्फ चमत्कार ही समझती हूं। इसका श्रेय मैं अपने कोच को देती हूं, जिन्होंने मुझे इसे करने के लिए मजबूती दी। संयोग से 11 वर्ष 9 महीने बाद उस टूर्नामेंट के फाइनल में पहुंचने वाली मैं सबसे युवा खिलाड़ी थी और यूरोप में आयोजित 'जूनियर अंतर्राष्ट्रीय सर्किट' में खेलने के लिए मैं इसी टूर्नामेंट की वजह से चुनी गई।

ऑल इंगलैंड बैडमिंटन चैंपियन पुलेला गोपीचंद ने चोट लगने की वजह से वर्ष 2003 में खेल से संन्यास ले लिया। संन्यास लेने के समय वह सर्किट में सबसे बेहतरीन खिलाड़ी थे। उसके बाद उन्होंने कोच बनने का चुनाव किया। हैदराबाद का होने की वजह से हर कोच उन्हें प्रशिक्षण के दौरान देख रखा था। सच कहूं तो वर्ष 2002 के जूनियर राष्ट्रीय में उनसे मुझे बहुत मदद मिली। उनके कोच बनने के बाद मैंने उनसे प्रशिक्षण लेना शुरू किया, जिससे मुझे बहुत खुशी हुई। हैदराबाद में बैडमिंटन अकादमी खोलने की योजना वह पहले से ही बना रहे थे, क्योंकि उस समय तक भारत में 'प्रकाश पादुकोण बैडमिंटन अकादमी' इकलौती बैडमिंटन अकादमी हुआ करती थी, जो बंगलौर में स्थित थी। वर्ष 2003 में आंध्र प्रदेश खेल प्राधिकरण ने गोपी सर को गाचीबॉली स्टेडियम में अकादमी चलाने के लिए जगह मुहैया कराने की पेशकश की। हम सभी जो लाल बहादुर स्टेडियम में प्रशिक्षण ले रहे थे, गाचीबॉली भेज दिए गए। यहां हम लोगों के लिए 10 नए बेहतरीन कोर्ट उपलब्ध कराए गए। गोपी सर की अपनी बैडमिंटन अकादमी भी गाचीबॉली में ही बन रही थी, यह देखकर हम लोग बहुत उत्साहित थे। 2008 में पुलेला गोपीचंद बैडमिंटन अकादमी का उद्घाटन हुआ, जिसे बनने में तकरीबन चार साल लगे।

वैसे भी इस बीच पुलेला गोपीचंद को बैडमिंटन का राष्ट्रीय कोच बनाया गया, तब यहां प्रशिक्षण के लिए पूरे देश के खिलाड़ी आए। यह देखकर सच में बहुत अच्छा लगा, जब कई बच्चों ने अकादमी में नामांकन भी कराया। इसका मतलब यह हुआ था कि बैडमिंटन की लोकप्रियता अब बढ़ रही थी और यही हमारे लिए बहुत था। पांच एकड़ जमीन में अकादमी का निर्माण किया गया था और इसमें आठ अंतर्राष्ट्रीय स्तर के कोर्ट बनाए गए थे, जहां मैं अब भी रोजाना अभ्यास करती हूं।

साइना नेहवाल आगे बताती है कि जहां तक मैं समझती हूं, दूसरे

कोचों की अपेक्षा गोपी सर का स्वभाव ज्यादा शांत और शालीन है। अपने धैर्य और गुस्से के मामले में वे बिलकुल बुद्ध की तरह हैं, जो विरले ही हम लोगों में से किसी के गुस्से पर प्रतिक्रिया देते हैं। वह एक ऐसे कोच रहे हैं, जिनसे मैंने लंबे समय तक प्रशिक्षण लिया है और उनके साथ मैं बहुत सहज महसूस करती हूं। 'तुमने भारत के लिए बहुत अच्छा किया है, तुम हमारा गोल्ड हो', वह हमेशा ही इस तरह की बातें कहकर मुझे प्रोत्साहन देते हैं। अगर मुझे थकान होती है, तो उन्हें पता चल जाता है और उस दिन मेरे प्रति थोड़े नरमी से पेश आते हैं, उसी तरह जब उनका मूड खराब होता है, तो मुझे भी पता चल जाता है।

गोपी सर से प्रशिक्षण शुरू करने के बाद मेरी दिनचर्या बदल गई। उनका अंतर्राष्ट्रीय सर्किट में खेलने का अनुभव बहुत अहमियत रखता था। खेल के साथ-साथ उन्होंने मेरी फिटनेस और लंबे समय तक टिक पाने की ताकत पर ध्यान केंद्रित किया। उन्होंने मुझे योग निद्रा जैसी तकनीक से रूबरू कराया, जिससे मुझे अपनी ऊर्जा का स्तर और सकारात्मक सोच को कायम रखने में मदद मिली। मेरे प्रशिक्षण के तौर-तरीके को उन्होंने एक रूप-रंग दिया, जिससे मेरे खेलने के अंदाज में बहुत अंतर आया। मुझे अटैकिंग खिलाड़ी बनाने वालों में गोपी सर भी एक हैं। उनके अंतर्राष्ट्रीय अनुभवों का मेरे खेल को आकार देने में बहुत योगदान रहा। पांच-छह साल तक उनसे प्रशिक्षण लेने के दौरान ही मैं विश्व की नंबर-दो खिलाड़ी बनी, जो मैं उनके बिना नहीं बन पाती।

गोपी सर की सबसे अच्छी बात यह थी कि वे हम लोगों के जैसे ही थे, हमारे अच्छे दोस्त थे, लेकिन साथ-ही-साथ वे हमारे कोच और सलाहकार भी थे। अकादमी में जब मैं उनके विरुद्ध खेलती थी, तो वे कभी-कभी बहुत आक्रामक हो जाते थे। उन्हें हराना बहुत कठिन होता था, लेकिन मुझे उकसाने का यह उनका एक तरीका था कि मैं भी उन्हें मुंहतोड़ जवाब दूं और अच्छा खेलूं। वह मेरे खेल को चुनौती देते। इस तरह का प्रशिक्षण सच में मेरे लिए बहुत अच्छा था।

साइना आगे बताती है कि हालांकि वे अभी भी बिलकुल युवा हैं, लेकिन उन्होंने स्वयं को कोचिंग और हमारे जैसे खिलाड़ियों के लिए समर्पित कर दिया है। मैंने उन्हें न तो परिवार वालों के साथ और न ही अकेले लंबी छुट्टी पर जाते देखा। मेरी तरह वे भी सामान्य रूप से टूर्नामेंट

पर जाने के लिए यात्रा करते हैं और खिलाड़ियों के पीछे अपनी नोटबुक के साथ बैठते हैं और हम लोगों के प्रदर्शन पर गहन विचार-विमर्श करते हैं। मौटे तौर पर वे खेल में ही खोए रहते हैं। वे न तो बाहर खाना खाते हैं, न ही फिल्म देखते हैं और न ही सप्ताह के अंत में अवकाश लेते हैं। शायद यही सब कुछ उन्हें एक ऐसे कोच के रूप में स्थापित करता है, जिसकी हमारी बैडमिंटन को जरूरत है। लेकिन जब हम मैच जीतते हैं, तो वे सबसे पहले इसकी खुशी मनाते हैं।

गोपी सर के बारे में बहुत कम लोगों को पता है कि वे बहुत अच्छा खाना भी बनाते हैं। इस बात का पता मुझे तब चला, जब फ्रेंच ओपन-2011 के दौरान उन्होंने पूरी टीम के लिए स्वादिष्ट चिकन करी बनाई। प्रशिक्षण के दौरान हो या टूर्नामेंट के दौरान, जिस तरह से उन्होंने हम लोगों का ध्यान रखा, हम खिलाड़ी उनकी जितनी प्रशंसा करें, वह कम है। आप देख सकते हैं कि किसी खिलाड़ी की जिंदगी में एक प्रशिक्षक की अहम भूमिका होती है। ये वही लोग हैं, जो हम लोगों को चैंपियन बनाते हैं। हम लोगों को ये बहुत समीप से जानते हैं, जैसे- हम लोगों का व्यक्तित्व, परिवार, खान-पान, कमजोरी और मजबूतियां आदि। यह आसान काम नहीं है, क्योंकि हर प्रशिक्षक कई खिलाड़ियों का निरीक्षण करता है और उनमें से हरेक को व्यक्तिगत रूप से समझना होता है। वे लोग हम लोगों से ज्यादा मेहनत करते हैं। अगर खिलाड़ियों को छह बजे सुबह अकादमी पहुंचना होता है, तो कोच को उनसे पहले ही पहुंचना पड़ता है। मैंने जिन कोचों के साथ मेहनत की है, वे सब समय पालन को लेकर सख्त थे। यहां तक कि एक-दो मिनट की देरी भी क्षम्य नहीं होती थी और इसका मैंने हमेशा सम्मान किया है। मैच के दौरान कोच खिलाड़ियों के पीछे बैठते हैं। मेरे खेलने के समय गोपी सर का पीछे होना ही मेरे लिए बहुत बड़ा आराम का स्रोत होता है। यदि किसी कारण से गोपी सर या कोई अन्य कोच खेल के समय वहां नहीं होते हैं, तो उनकी कमी मुझे बहुत ज्यादा खलती है।

वह बताती है कि आपमें से ज्यादातर लोगों के लिए स्कूल आपका दूसरा घर होगा या हुआ करता होगा, जहां आप दोस्त बनाते हैं, शिक्षकों से कुछ सीखते हैं। मेरे लिए अकादमी भी कुछ वैसी ही है। अब भी मैं अपना ज्यादातर समय वहीं बिताती हूं। सच कहूं तो मैं घर से ज्यादा समय अकादमी में ही बिताती हूं। जब मैं किसी प्रतियोगिता में नहीं खेल रही होती

हूं, तब छह बजे ही अकादमी पहुंच जाती हूं और सारा दिन यहीं बिताती हूं। यह वो जगह है जहां मेरे कोच, मेरे फिजियो और मेरे संगी-साथी होते हैं। सच तो यही है कि ये लोग मेरा परिवार हैं। मैं उन्हें रोज देखती हूं, उनके साथ यात्रा करती हूं, अपनी जीत की खुशी उनके साथ बांटती हूं। जब मैं खेल रही होती हूं, तो मुझे पता होता है कि कैफेटेरिया में टेलीविजन ऑन है और हर कोई मुझे देख रहा है, और यदि मैं मैच हार जाती हूं तो यह कैसा अहसास होता है, यह उन्हें भी पता होता है। हम लोग अपने देश के लिए साथ-साथ खेलते हैं और देशभक्ति की भावना से हम लोग ओत-प्रोत रहते हैं। हम लोग स्वतंत्रता दिवस और गणतंत्र दिवस नहीं मना सकते हैं, लेकिन हम लोगों को इसकी प्रशिक्षण मिलती है ताकि बाद में हम लोग देश का नाम ऊंचा कर सकें।

हमारी अकादमी देश में सबसे बेहतर अकादमी है, क्योंकि यह बेहतरीन कोर्ट और विश्वस्तरीय सुविधाओं से लैस है। मेरे लिए यह कई मायनों में घर जैसी है और मुझे यहां आना अच्छा लगता है।

अपने प्रशिक्षण कार्यक्रम के बारे में भी साइना नेहवाल विस्तार से बातें करती है। वह बताती है, 'जब मैं हैदराबाद में होती हूं तो अपना ज्यादा-से-ज्यादा समय अकादमी में ही बिताती हूं। अपनी फिटनेस के लिए हो या मैच के लिए, मैं वहां रोजाना तकरीबन सात घंटे बिताती हूं। मैं सुबह 6:00 बजे ही घर से निकल जाती हूं। शुक्र है कि अकादमी मेरे घर से दस मिनट की दूरी पर है। 6:00 बजे से 9:30 बजे तक मैं फुर्ती, सहनशक्ति और स्टेमिना बनाने पर काम करती हूं। यह थोड़ा जिम में जाने जैसा ही है, लेकिन यह थोड़ा लंबे समय तक चलता है और कठिन होता है। इन तीन घंटों के दौरान मैं खूब स्किपिंग करती हूं, दौड़ लगाती हूं, शैडो व्यायाम करती हूं और सीढ़ियां चढ़ने-उतरने का अभ्यास करती हूं। अपना स्टेमिना को बनाए रखने के लिए यह सब करना बेहद जरूरी होता है, ताकि मैं कोर्ट में डेढ़ घंटे टिक सकूं, एक मैच खेलने के लिए जिसकी मुझे सख्त जरूरत होती है।

मैं 9:30 बजे एक घंटे का ब्रेक लेती हूं और नाश्ता करने के लिए सीधे कैफेटेरिया जाती हूं। दिन के खाने के ब्रेक से पहले भी मैं 11:30 से 12:30 बजे तक थोड़ा व्यायाम करती हूं। दोपहर में फिर व्यस्तता बढ़ जाती है। चूंकि मैं 3:30 बजे से अपना प्रशिक्षण फिर से शुरू करती हूं,

इसलिए अकादमी में खिलाड़ियों को दिए गए कमरे में जाकर थोड़ी झपकी मार लेती हूं। उसके बाद तीन घंटे तक कोर्ट में अपने मैच का अभ्यास करती हूं। कभी-कभी हम लोग प्रशिक्षण छोड़ देते हैं। इस दौरान कोच 15-20 शटल एकत्रित करते हैं और मुझे लगातार सर्व करते हैं। इन सभी सर्विस को मुझे खेलना होता है। इस दौरान हम लोग हजारों शटल से अभ्यास करते हैं और यह बिना ब्रेक के चलता रहता है।

कभी-कभी मुझे अन्य खिलाड़ियों के साथ प्रशिक्षित किया जाता है, तब या तो हम लोग युगल खेलते हैं या एक खिलाड़ी, दो या तीन खिलाड़ियों का सामना करता है। इस तरह से खेलना बहुत मजेदार होता है, क्योंकि आपको बिलकुल भी पता नहीं होता है कि कौन खिलाड़ी मारेगा और किस दिशा में मारेगा। इससे आप सतर्क एवं चौकन्ने रहते हैं, अपने पैरों पर डटे रहते हैं और शटल पर निगाहें गड़ाए रहते हैं। हम लोग एक अलग प्रकार की प्रशिक्षण करते हैं, जिसे एम्युजमेंट प्रशिक्षण कहा जाता है। जैसा कि नाम से ही साफ है, इसे खेलने में बहुत हंसी आती है। इस अभ्यास के लिए हम लोग करीब 10 से 12 खिलाड़ी एकत्रित होते हैं और कोर्ट के चारों ओर घेरा बना लेते हैं। अब एक खिलाड़ी सर्व करके इसकी शुरुआत करता है और अपनी जगह से हट जाता है। तब तक दूसरे खिलाड़ी को नेट की दूसरी ओर दौड़कर जाना होता है और उसे वापस मारना पड़ता है। इसी बीच तीसरे खिलाड़ी को पहले खिलाड़ी की जगह लेकर वापस मारना होता है। चौथे खिलाड़ी को दूसरे खिलाड़ी की जगह लेनी होती है। इसी तरह यह आगे बढ़ता है। अगर आप शटल को वापस मारने में सफल नहीं हो पाते हैं, तो आप खेल से बाहर हो जाते हैं। मोटे तौर पर इसमें सभी खिलाड़ियों को शटल की गति से तेज दौड़कर मारना होता है। यह बहुत ही रोमांचक होता है और इसमें सबको मजा आता है।

कभी-कभार हम लोग फुटबॉल भी खेलते हैं, तैराकी भी करते हैं, लंबी दूरी की दौड़ और क्रॉस-कंट्री दौड़ लगाते हैं। दूसरे दिन जिम जाकर भार उठाते हैं। अकादमी में कभी भी हम लोगों का समय बेकार नहीं गुजरता है। अन्य खिलाड़ियों के साथ प्रशिक्षण लेने से प्रदर्शन में बहुत फर्क पड़ता है। हम लोग आपस में लड़ते हैं। एक-दूसरे पर हंसते हैं। छेड़छाड़ करते हैं और मेहनत से खेलते हैं।

साइना बताती है कि वह अपनी प्रशिक्षण में किसी भी तरह का कोई

भी नागा नहीं करती है। मैं खुश होकर अभ्यास करती हूं, जो मुझे बेहतर खिलाड़ी भी बनाता है। थकान या सुस्ती का कोई भी बहाना खेल की दुनिया में नहीं चलता है। हां, बुधवार और शनिवार को सुबह प्रशिक्षण लेती हूं। रविवार को कोई प्रशिक्षण नहीं। खाली इसी दिन मैं अपने आपको ब्रेक लेने के लिए अनुमति देती हूं और सुबह देर से सोकर उठती हूं।

साइना के लिए 2013 और 2014 के बीच का समय अच्छा नहीं रहा। इस दौरान वह कई प्रतिष्ठित प्रतियोगिताओं में बेहतर प्रदर्शन नहीं कर सकी। अपने अंतर राष्ट्रीय प्रतिद्वंद्वियों के आगे वह परास्त होती दिखी। उसने अपने पिता के साथ इस पर गहन विवेचना की तब उसे लगा कि इस स्तर पर उसे एक्सपर्ट की पर्याप्त सुविधाएं उस तरह नहीं मिल पाई। जिस तरह मिलनी चाहिए। कई नाजुक मौकों पर उसके कोच गोपीचंद अपनी दूसरी प्राथमिकता के कारण मौजूद नहीं थे। उसे लगा कि इन मौकों पर यदि उसके साथ कोई अनुभवी कोच होता तो हो सकता था कि परिणाम कुछ और होता।

दरअसल यह दौर ऐसा था जब गोपीचंद की व्यस्तता बहुत बढ़ गयी थी। हैदराबाद में उनकी अकादमी में प्रशिक्षुओं की संख्या बढ़ती जा रही थी। इसमें देश और देश के बाहर से आने वाले बच्चों और खिलाड़ियों की अच्छी-खासी संख्या थी। बहुत से ऐसे खिलाड़ी भी थे जो अपनी स्टेट टीम में खेल रहे थे और अपने खेल को सुधारने के लिए हैदराबाद में दाखिला ले रहे थे। इसके पीछे गोपीचंद की ख्याति और उनकी चैंपियन शिष्या साइना नेहवाल को मिलने वाली अटूट सफलता का आधार था।

साइना ने साफ तौर पर महसूस किया कि गोपी सर के पास उसके लिए समय निकालना मुश्किल हो रहा है। उसने इस संबंध में अपने कोच को अपनी व्यथा बतायी पर फिर भी काम नहीं चला। आज के प्रतिस्पध र्ी युग में सभी अंतरराष्ट्रीय खिलाड़ियों के साथ एक व्यक्तिगत कोच होता है। ये कोच आमतौर पर अपने खिलाड़ी के दौरों और मुकाबलों को आसान बनाने में प्रमुख भूमिका निभाते हैं। इस स्तर पर वे खिलाड़ियों के साथ विपक्षी खिलाड़ियों की ताकत और कमजोरी की विवेचना करते हैं। साइना कहती है कि कई बार लगा कि उसे आवश्यक सलाह की आवश्यकता थी तो उसके आसपास कोई नहीं था।

साइना ने अपनी तकलीफ के बारे में मां और पिताजी को बताई।

लंबे विचार-विमर्श के बाद यह तय किया गया कि उसके लिए एक नये कोच की तलाश करनी चाहिए। गोपीचंद की जगह किसी अन्य को कोच चुनने का फैसला कोई आसान बात नहीं थी क्योंकि गोपीचंद उसके लिए एक कोच से कहीं अधिक थे। लंबे समय से उसे गोपीचंद के साथ की आदत पड़ गयी थी। परिवार ने यह तय किया कि इस संबंध में गोपीचंद को बताया जाना चाहिए। जब साइना और उसके पिता ने इस समस्या का जिक्र गोपीचंद से किया तो उन्होंने ने भी उनके फैसले पर मुहर लगा दी। दरअसल गोपीचंद भी बखूबी समझ रहे थे कि साइना को किसी अन्य कोच की आवश्यकता है क्योंकि अपनी बढ़ती जिम्मेदारियों को देखते हुए वह पर्याप्त समय नहीं दे पा रहे थे।

कोच बदलने का निर्णय करने के बाद नये कोच की खोज करना आसान नहीं था। इस खोज के क्रम में लंबा समय लगा। कई देशी-विदशी कोच के नाम पर विचार किया गया। साइना का मत था कि उसके लिए किसी विदेशी कोच की सेवाएं लेने से बेहतर होगा कोई अपने देश का ही योग्य प्रशिक्षक मिल जाए। इस खोज का अंत केरल के विमल कुमार पर समाप्त हुई जो उस समय प्रकाश पादुकोण की बेंगलुरू अकादमी में निदेशक थे। अपनी क्षमता और अनुभव के आधार पर वह अपने प्रशिक्षुओं में लोकप्रिय थे।

साइना नेहवाल ने विमल कुमार से संपर्क किया और व्यक्तिगतरूप से उसकी सहायता करने को कहा। विमल कुमार ने साइना के साथ अपनी बैठक के बाद रजामंदी दी। दो बार के राष्ट्रीय चैंपियन रह चुके विमल कुमार ने सितम्बर, 2014 में साइना के कोच बने।

विमल कुमार के पास इस खेल का आपार अनुभव है। 90 के दशक में वह देश के चोटी के एकल खिलाड़ी थे। उन्होंने 1983-84 में दो बार फ्रेंच ओपन और 1988 तथा 1991 में वेल्स ओपन का खिताब जीता था। विमल कुमार ने 1992 के बार्सीलोना ओलंपिक में भारत का प्रतिनिधित्व भी किया। उनकी सेवाओं को देखते हुए उन्हें भारतीय टीम का मुख्य कोच नियुक्त किया गया था। सन् 2006 में उन्होंने मुख्य कोच के अपने पद से इस्तीफा देकर प्रकाश पादुकोण की अकादमी से जुड़े। दरअसल विमल कुमार पर प्रकाश पादुकोण की लंबे समय से निगाह थी। वह पिछले कुछ समय से विमल को अपने साथ लाने की सोच रहे थे।

विमल कुमार का साथ पाकर साइना का गेम फिर निखरने लगा। उसकी गाड़ी पटरी पर लौटते दिखी। विमल कुमार ने साफ किया कि साइना जिस स्तर पर खेल रही है उस स्तर पर खेलने वाले खिलाड़ियों के लिए मानसिक दृढ़ता एक महत्वपूर्ण बात होती है। इस आधार पर ही अहम् मुकाबलों के परिणाम प्रभावित होते हैं। किसी टूर्नामेंट में खेल के दौरान कोच अपने खिलाड़ी को कैसे खेलें जैसी शिक्षा नहीं देता बल्कि वह अपने अनुभव से उस जगह, कोर्ट और खिलाड़ियों की खूबी और खामियों की चर्चा करता है। इन अनुभव से खिलाड़ी को मैच जीतने में सफलता मिलती है।

अपने दौर में विश्व के टॉप 20 एकल खिलाड़ियों में शुमार विमल कुमार कहते हैं कि साइना एक विश्वस्तरीय स्टार है। वह दुनिया की सर्वश्रेष्ठ महिला खिलाड़ियों में से एक है। वह कुछ समय से बढ़िया नहीं खेल पायी जो कुछ गलत नहीं था। सभी स्टारों के साथ ऐसा होता है। खिलाड़ी ऑफ फार्म में होते हैं तो ऐसा दौर देखने को मिलता है। उस स्थिति में खिलाड़ी उन प्रतिद्वंद्वियों से भी हार जाता है जिसे वह पहले और कई बार हरा चुका होता है। उन्होंने कहा कि वह साइना को टेनिस दिग्गज रोजर फेडरर और राफेल नाडाल की श्रेणी का स्टार मानते हैं। ध्यान रहे कि साइना के जीवन में फेडरर और नाडाल उसके रोल मॉडल रहे हैं। लंदन ओलंपिक के दौरान खेल गांव में वह जब उनसे मिली तो निहाल हो गयी थी। साइना उस क्षण को अपने जीवन में यादगार मानती है।

विमल कुमार ने साइना को समझाया कि एशियाई खेलों में उसका प्रदर्शन महत्वपूर्ण था। डेनमार्क और फ्रेंच ओपन के दौरान भी वह मैच जीत रही थी तो हार भी जा रही थी। विमल ने उसके खेला की विवेचना की और साइना को बताया कि वह कामयाबी से महज एक हाथ दूर है क्योंकि उसकी सोच में थोड़े और सकारात्मकता की जरूरत है। उन्होंने साइना के अंदर के चैंपियन को जगाया और उसकी पीठ पर खड़े रहकर मार्गदर्शन कियां इसका परिणाम जल्द ही सामने आने लगा। साइना की गाड़ी फिर से पटरी पर दौड़ने लगी। एक के बाद एक सफलताएं उसके कदम चूमने लगीं और वह मार्च, 2015 में विश्व की नंबर एक खिलाड़ी बन बैठी। अब साइना और विमल दोनों का लक्ष्य रियो ओलंपिक में बेहतर प्रदर्शन करने की है। यह प्रदर्शन लंदन ओलंपिक में जीते गए कांस्य को स्वर्ण पदक

में बदलने का है। इसके साथ ही आल इंगलैंड बैडमिंटन का ताज जीतना दूसरा सबसे बड़ा लक्ष्य है। ध्यान रहे कि किसी भी बैडमिंटन खिलाड़ी के लिए आल इंगलैंड टूर्नामेंट बैडमिंटन में किसी मक्का से कम नहीं है।

बहरहाल, साइना की ऐसी प्रशिक्षण और ऐसे कोचों का ही यह प्रताप है कि वह आज दुनिया की नंबर-वन बैडमिंटन खिलाड़ी है। हकीकत तो यह है कि टॉप पर पहुंचना उतना आसान नहीं है, लेकिन टॉप पर पहुंचकर बने रहना तो और भी मुश्किल भरा काम है। ऐसे में हम सबको दुआ करनी चाहिए कि वह दुनिया की नंबर-वन खिलाड़ी की कुर्सी पर हमेशा विराजमान रहे।

# 15. गोपी सर और साइना

नाम है उनका पुलेला गोपीचंद। अपने समय के बहुत ही अच्छे बैडमिंटन खिलाड़ी रहे हैं। वैसे भी यह देश कुछेक बैडमिंटन खिलाड़ियों को जानता है और पहचानता है। पहला नाम था प्रकाश पादुकोण का, फिर पुलेला गोपीचंद और अब साइना नेहवाल। ये तीनों टॉप के खिलाड़ी रहे हैं। प्रकाश पादुकोण और साइना नेहवाल को वर्ल्ड रैंकिंग में पहला स्थान भी मिला, लेकिन इस स्थान को पाने में पुलेला गोपीचंद असफल रहे। इसके बावजूद भी गोपीचंद ने भारतीय बैडमिंटन को सर्वोच्च शिखर तक पहुंचाने के मामले में बहुत मेहनत की है। पहले खिलाड़ी के रूप में और अब कोच के रूप में। पूरे देश में वे आजकल घूम-घूमकर प्रशिक्षण दे रहे हैं। हैदराबाद में भी उनका बहुत बड़ा प्रशिक्षण सेंटर है, जहां पर वर्षों से साइना नेहवाल भी उन्हीं से कोचिंग ले रही हैं।

हैदराबाद में उनका कोचिंग सेंटर 'गोपीचंद निमागड्डा फाउंडेशन बैडमिंटन अकादमी' चल रही है, जहां सुबह से बच्चों की चहल-पहल होने लगती है। सबसे पहले वहां सारे बच्चे, उनके परिजन तथा अकादमी के लोग 'जन-गण-मन अधिनायक जय हे' का उद्घोष करते हैं और उसके बाद शुरू होता है बैडमिंटन का रियाज।

साइना इस अकेडमी में औसतन 10 घंटे रोज बिताती है। पुलेला गोपीचंद सबको यही बताते हैं कि यह कठिन जीवन है। तपस्या करोगे, तभी फल मिलेगा। वैसे भी गोपी अपनी अकादमी में बच्चों को प्रवेश बहुत मेहनत-मशक्कत के बाद ही देते हैं। परिजनों के साथ लंबी बातचीत के बाद खिलाड़ी बालक-बालिकाओं से बातचीत होती है। फिटनेस टेस्ट होता है, तब कहीं जाकर बामुश्किल एकाध बच्चे को वहां प्रवेश मिल पाता

है। गोपीचंद की अकादमी में करीब 150 बच्चे हैं, लेकिन साइना नेहवाल ने इस खेल को इतना लोकप्रिय बना दिया है कि यदि सिर्फ हैदराबाद में गोपी जैसी 50 अकादमी और बना दी जाएं तो वो भी भर जाएंगी। यह सब साइना की मेहनत और सफलता का ही तो प्रतिफल है।

गोपी को रिटायर हुए वर्षों हो गए, लेकिन वे आज भी पहले जैसे ही फिट हैं। सुबह चार बजे वे अकादमी पहुंचकर बड़े बच्चों के साथ अभ्यास भी शुरू कर देते हैं। गोपी की पत्नी लक्ष्मी गोपीचंद (जो खुद 1994 और 1995 में राष्ट्रीय चैंपियन रही हैं) बताती हैं कि कोर्ट में गोपी बहुत कड़क होते हैं; तो कोर्ट के बाहर सबके प्यारे दोस्त।

साइना इसी अकादमी में पल-बढ़कर आगे बढ़ी है। चूंकि साइना के स्तर की महिला खिलाड़ी अपने यहां मिलती नहीं हैं। लिहाजा अच्छा बैडमिंटन खेलने के लिए वह दो लड़कों के साथ अभ्यास करती थी। गोपी बताते हैं कि साइना ने अपने मैच में ज्यादातर चीन के खिलाड़ियों के साथ ही खेला है। इसके चलते उसके खेल में बहुत फुर्ती भी रहती है और तेजी भी। साइना बहुत ही तेज बैडमिंटन खेलती हैं, शायद भारत में सबसे तेज। अब तो वह दुनिया में भी सबसे तेज खेलती हैं, तभी तो नंबर-वन भी बन गई हैं।

अपने बारे में साइना खुद यह बताती है कि मानसिक रूप से और शारीरिक रूप से मैं बहुत ही मजबूत हूं। जब मैं 13 साल की थी, तब 23-24 साल के सीनियर खेलने वाले लड़कों को मिनटों में पराजित कर देती थी।

हकीकत तो यह है कि साइना नेहवाल 2004 में पुलेला गोपीचंद के संसर्ग में आई थीं। तब तक सारा देश यह जान चुका था कि वह कितनी प्रतिभावान खिलाड़ी है। उसकी किलर स्टिंक्ट (मारक क्षमता) और सटीक टेंपरामेंट के चलते बहुत ज्यादा ख्याति मिलने लगी थी। सबसे बड़ी बात, उसकी जीत की ललक ने उसे समझा और सफल विजेता बनाना शुरू कर दिया था। अपने से बड़ी उम्र के सीनियर खिलाड़ियों को परास्त करने का सीधा-सा मतलब था- चैंपियन बनना।

उसकी आक्रामकता को गोपी ने और अधिक बढ़ा दिया था। हीरे को तराशना बहुत ही खतरनाक काम होता है। खतरा टूटने का होता है कि टूट गया तो बहुत नुकसान होगा। साइना भी तो हीरा ही थी, तो

उसे गोपी ने बहुत ही सहजता और सरलता से सजाया-संवारा। नतीजा आपके सामने है।

साइना नेहवाल भी जानती है कि उनके खेल को यहां तक पहुंचाने के लिए गोपी सर ने कितनी मेहनत की है। वह जानती है कि गोपी सर की अकादमी में आने से पहले वह क्या थी? गोपी सर को पता है कि अंतर्राष्ट्रीय दबाव क्या, कब और कितना होता है। उसी के हिसाब से ही उन्होंने साइना नेहवाल के साथ मेहनत की और उसे तैयार करने में किसी भी तरह की कोई भी कोताही नहीं की। साइना बताती है कि कोर्ट में गोपी सर बहुत ही सख्त रहते हैं। हमेशा खेल को सुधारने की ही बात करते हैं, लेकिन कोर्ट के बाहर वह बहुत अच्छे दोस्त बन जाया करते हैं।

साइना के बारे में गोपी बताते हैं, 'पिछले करीब नौ वर्षों से मैं साइना नेहवाल द्वारा बिताए गए हर मिनट का हिसाब दे सकता हूं। तुम यह भी कह सकते हो कि मैंने जो कहा, वही साइना ने किया। परिणाम आपके सामने है। वह बहुत अच्छी छात्रा है, खिलाड़ी है।'

गोपी बताते हैं कि साइना को बहुत ही कठिनाई से तैयार किया गया है। उसके खान-पान से लेकर उसके फ्रिज तक पर मेरी नज़र रहती थी कि कहीं वह ज्यादा चॉकलेट तो नहीं खा रही है। यहां तक कि मैं बीच-बीच में उसका लैपटॉप भी चेक करता था कि वह टाइम पास तो नहीं कर रही है।

2001 से 2006 के बीच साइना को कोचिंग देने वाले कोच एस. नरेंद्रनाथ का मानना है कि सफल हो रहे खिलाड़ियों के साथ इस तरह की सख्ती जायज नहीं है। कभी-कभी जब बैकफायर करती हैं चीजें, तो बहुत दिक्कत हो जाती है।

2006 में साइना मलेशिया के दौरे पर गई थी, जहां पर उसने करीब एक महीना बिताया था। जब वह लौटकर आई तो गोपीचंद ने अपना माथा पीट लिया, क्योंकि उस एक महीने में साइना का वज़न करीब सात किलो बढ़ गया था। साथ ही उसकी फिटनेस का स्तर भी बहुत खराब हो गया था। उसी के बाद से गोपी ने साइना की खाने-पीने की आदतों और खाने वाली चीजों पर नज़रें दौड़ानी शुरू कीं। यहां तक कि किसी बड़े मैच में विजयश्री मिलने के बाद यदि साइना को आइसक्रीम खानी है, तो उसके लिए पहले गोपी सर से अनुमति लेनी पड़ती थी और अनुमति मिलने के बाद ही वह आइसक्रीम खा सकती थी।

यह सब चलता रहा कि इस बीच 2008 के बीजिंग ओलंपिक खेल शुरू हो गए। साइना भी भारतीय टीम में थी, जिसे देखकर हर कोई कह रहा था कि यह लड़की वहां कोई-न-कोई उलटफेर जरूर करेगी, किया भी। वह एकल प्रतियोगिता के प्री-क्वार्टर फाइनल में जा धमकी, जहां उसने विश्व की नंबर-6 खिलाड़ी वांग चेन को परास्त कर दिया। उसी दिन अभिनव बिन्द्रा ने शूटिंग में स्वर्ण पदक जीतकर भारतीय खेमे में खुशी का माहौल पैदा कर दिया। इसी माहौल में सारी भीड़, साइना का मैच देखने जा पहुंची। लेकिन क्वार्टर फाइनल में साइना हार गई।

2009 में हैदराबाद में ही वर्ल्ड चैंपियनशिप का आयोजन किया गया। सबकी निगाहें गोपी और साइना नेहवाल पर लगी थी कि यह अगर जीत जाए तो मजा आ जाए। ऐसे ही मजे 2005 में सानिया मिर्जा ने डब्ल्यूटीए जीतकर दिलवाए थे। काश! हैदराबाद में यहीं के बच्चे चमक जाएं।

बहरहाल, साइना को प्रतियोगिता में छठा स्थान मिला था। ऊपर के पांचों स्थानों पर चीन, कोरिया, मलेशिया की लड़कियां काबिज थीं। सेमीफाइनल में साइना ने चीन की लान ल्यू को 25-23, 21-19 से पराजित किया। दोनों लड़कियों ने उस मैच में बहुत ही अच्छा खेल दिखाया। अंत में विजय साइना नेहवाल की ही हुई।

फाइनल में साइना का सामना लिन वांग से होना था, जिसे 'ग्रेट वॉल ऑफ चाइना' के नाम से भी बुलाया जाता है। पिछले दिनों सिंगापुर में इसी लड़की ने साइना को परास्त कर दिया था। यह फाइनल भी धमाकेदार रहा, जहां जीत साइना की हुई। उसने 49 मिनट में चीन की उस लड़की को 12-21, 21-18, 21-9 से पराजित कर दिया, खिताब भी जीता। ऐसा करके वह पहली भारतीय महिला बनी, जिसने सुपर सीरीज टूर्नामेंट जीता था।

गोपीचंद बताते हैं कि साइना उन खिलाड़ियों के साथ बहुत जल्द सहज हो जाती है, जिनके ख़िलाफ वह एक बार खेल चुकी होती है। वह चाहे पहले हार भी चुकी हो, लेकिन दूसरी बार उसे परास्त कर पाना उतना आसान नहीं होता था। वह दूसरी बार खुद जीत जाती थी।

हैदराबाद में साइना को मिली जीत को प्रकाश पादुकोण और गोपीचंद द्वारा जीते गए ऑल इंगलैंड चैम्पियनशिप के समकक्ष ही रखा गया। 'बैडमिंटन एसोसिएशन ऑफ इंडिया' ने साइना को तब दो लाख रुपये का नकद पुरस्कार दिया था। यह साइना द्वारा जीता गया पहला कैश पुरस्कार भी था।

गोपीचंद उस दिन को याद करके भावुक हो जाते हैं। कहते हैं, 'वह दिन भारतीय बैडमिंटन के लिहाज से बहुत ही अविस्मरणीय और यादगार दिन था। साइना ने इस पूरी प्रतियोगिता में बहुत ही शानदार खेल खेला था। इस जीत ने उसके आत्मविश्वास को सातवें आसमान पर पहुंचा दिया और यह संदेश सारी दुनिया को भी दे दिया कि कड़ी मेहनत के नतीजे हमेशा सुखद होते हैं, चाहे वह कुछ दिन बाद ही क्यों न मिलें।'

कुल मिलाकर, यही कहा जा सकता है कि साइना नेहवाल जैसी छात्रा को पाकर पुलेला गोपीचंद जैसे गुरु भी धन्य हो गए। वह जब भी साइना को खेलते और जीतते देखते हैं, तो हमेशा मुस्कराते हुए सिर्फ यही शब्द कहते हैं 'विजयी भव।'

# 16. रिटायरमेंट के बाद...

28 मार्च, 2015– यह वह दिन है, जिसने भारतीय खेल इतिहास को एक नया मुकाम मुहैया कराया था। कहने को तो वह दिन शनिवार था, लेकिन वह दिन रामनवमी का भी था, जिस दिन साइना नेहवाल दुनिया की नंबर-वन खिलाड़ी बनी थी। वह ऐसा कारनामा करने वाली भारत की पहली महिला खिलाड़ी थी। 'इंडियन ओपन बैडमिंटन टूर्नामेंट' के सेमीफाइनल में पहुंचने के साथ ही वह दुनिया की नंबर-वन खिलाड़ी बन गई। इसी प्रतियोगिता के सेमीफाइनल में पहुंची वर्ल्ड चैंपियन कैरोलिना मैरीन की हार की वजह से साइना को वर्ल्ड की नंबर-वन रैंकिंग मिली थी। हालांकि कुछ दिन के लिए फिर वह नंबर-दो बनी, लेकिन इस समय वह फिर से नंबर-वन है, दुनिया की नंबर-वन खिलाड़ी। सुपर स्टार चैंपियन खिलाड़ी।

वैसे यह उपलब्धियां हासिल करने वाले प्रकाश पादुकोण भारत के पहले खिलाड़ी थे। लेकिन साइना नेहवाल ऐसा कारनामा करने वाली भारत की पहली महिला खिलाड़ी हैं। वह अब तक 14 अंतर्राष्ट्रीय खिताब जीत चुकी हैं। ऑल इंगलैंड चैंपियनशिप के फाइनल में पहुंचने वाली वह भारत की पहली महिला खिलाड़ी भी है। हालांकि अभी भी उनके कैरियर में बहुत उत्थान होता दिख रहा है। अगले वर्ष फिर से ओलंपिक खेल होने हैं। उम्मीद है इस बार वह ओलंपिक खेलों में स्वर्ण पदक भी जीते तथा भारत का नाम और भी ऊंचाइयों की तरफ ले जाए। प्रभु ने चाहा तो साइना नेहवाल ऐसा जरूर करके दिखाएगी।

साइना नेहवाल वैसे तो सभी सवालों के जवाब सहजता और सरलता से देती हैं, लेकिन एक सवाल जो उनसे अकसर पूछा जाता है और जिस पर वह ज्यादा ध्यान भी नहीं देती, वह है बैडमिंटन के कैरियर के बाद वह क्या करेंगी। वह कहती हैं, 'सही मायनों में मैंने बहुत आगे के बारे

में कभी नहीं सोचा है। अभी तक की जिंदगी के आधे समय तक हमने बैडमिंटन खेलते हुए गुजारे हैं। आज 25 साल की उम्र में मुझे लगता है कि यह खेल मेरी जिंदगी में ऐसे समा चुका है कि उम्र के बाकी पड़ाव में इससे अपने को अलग करना मुश्किल होगा। असल सवाल यह है कि मैं आखिर बैडमिंटन से अपने को अलग क्यों करूं, क्योंकि आज मैं जो कुछ भी हूं, इसी खेल के कारण हूं। आज मैं जहां हूं, वहां से बाकी चीजें देखने में आसान लगती हैं। साथ ही इतनी कम उम्र में मैंने जो उपलब्धियां पाई हैं, इसी खेल का परिणाम हैं। लेकिन इसके पीछे की कहानी को आप जानेंगे तो पाएंगे कि ऐसी उपलब्धि बलिदान के बिना शायद ही संभव थी। शुरुआत से ही दिमाग में लक्ष्य और टूर्नामेंट में जीत के जज्बे भरे थे और यह सोच कभी नहीं बदली।

आज की तारीख में भी मैं खुद के लिए लक्ष्य तय करती हूं और उसे प्राप्त करने के लिए जो जरूरी हो उसे करती हूं। बीते दिनों पर गौर करें तो पता चलेगा कि मेरी सफलता के पीछे कई कारकों का एकमुश्त योगदान है, जैसे– मेरे परिवार का समर्थन, मेरे कोच, सही प्रशिक्षण अकादमी तक पहुंच और बैडमिंटन को लेकर मेरा प्यार, साथ ही यह खेल मेरे से क्या चाहता है, यह स्वीकार करना। सुबह जल्दी उठना कोई आसान काम नहीं है और आज के दिन में भी इसके लिए मुझे अलार्म लगाने की जरूरत पड़ती है। कभी-कभी तो ऐसा भी लगा कि मैं अलार्म बंद कर अपने को बिस्तर के अंदर और समा लूं, लेकिन ऐसा कभी किया नहीं। सफलता अपने साथ कुछ खास जवाबदेही की भी मांग करती है और मुझे लगता है कि कोई इसके लिए पहले से पूरी तरह तैयार नहीं होता।

मुझे याद है कि मैं शुरुआती दिनों में कैसे अपने खेल पर कड़ी मेहनत करती थी। साल गुजरते गए तथा मुझे और चीजों की भी जरूरत पड़ती गई। बाद में एक वयस्क और खिलाड़ी होने के नाते देश के प्रतिनिधित्व की जिम्मेदारी मिली। जिम्मेदारी ऐसी चीज है जिससे आप पल्ला नहीं झाड़ सकते। इतनी बड़ी जवाबदेही ढोना कोई आसान काम नहीं है; हालांकि कभी-कभी ऐसा भी लगता है कि जवाबदेही गर्व का मसला है और जो जैसा हो रहा है, उसमें हम बदलाव नहीं कर सकते।

जब बात मेरे बोलने, सोचने के तौर-तरीके और जिंदगी के प्रति मेरे नजरिए की हो, तो मैंने यह सब पापा और कोच से सीखा है। आप में

से कई लोग ऐसे होंगे, जिन्होंने स्कूल और अपने संगी-साथियों से बहुत कुछ सीखा होगा।

मैंने ये सारी चीजें अकादमी, कोर्ट और नौ साल की उम्र में बैडमिंटन खेलते हुए सीखी हैं। इसलिए जिंदगी में जो कुछ सीखा वह सामान्य स्कूल जाने वालों से कुछ अलग जरूर था, क्योंकि उनका लक्ष्य पढ़ाई-लिखाई के स्तर पर कुछ पाना था।

वह कहती हैं कि जिंदगी के शुरुआती दौर में बड़े लक्ष्य का सपना पालने का खतरा बहुत वास्तविक होता है। उस वक्त सफलता और विफलता पर नियंत्रण पाने का समय नहीं होता। कभी-कभी ये दोनों साथ आते हैं, तब बहुत समझदारी से इन्हें संभालना पड़ता है। कितना आसान होता कि इन बातों को यूं ही बिना ज्यादा सोचे छोड़ दिया जाए, लेकिन मेरे दिमाग में हमेशा यह बात होती कि बहुत मेहनत से हमने सफलता पाई है, जिसमें किस्मत का भी बड़ा योगदान है। खेल में जितना कुछ हमने दांव पर लगाया है, उस बात को लेकर भी मैं हमेशा नया सोचती रहती। जवान लड़के-लड़कियों के मम्मी-पापा अकसर मेरे पापा के पास आते और सलाह लेते कि क्या पढ़ाई के बजाय वे अपनी संतानों को खेल में डालें। लेकिन पापा ने हमेशा उनसे 'न' कहा है। पसंद की बात करें, तो पापा यह चाहते रहे हैं कि मैं स्कूल और कॉलेज पूरा करूं। पढ़ाई के लिए मैंने भी प्रयास किया, लेकिन एक खास वक्त के बाद यह संभव नहीं हो सका। मेरे पापा और मुझे इस बात की जानकारी थी कि यह काम इतना आसान नहीं।

वह आगे बताते यह भी स्वीकार करती हैं कि दुनिया या देश में मैं सबसे ज्यादा प्रतिभावान खिलाड़ी नहीं हूं, लेकिन मैंने अपनी प्रतिभा की कमी को मेहनत, जवाबदेही और खेल पर पूरी तरह से ध्यान केंद्रित कर संवारा जरूर है। मुझे लगता है ऐसा गठजोड़ कारगर होता है। यह मायने नहीं रखता कि आप जिंदगी में क्या करते हैं। मम्मी हमेशा लक्ष्य और सफलता पर ध्यान केंद्रित करने की बात करतीं। लेकिन अगर आप इस पर ध्यान नहीं भी देते हैं और कुछ वैसा ढूंढते हैं, जो आपको सबसे प्यारा हो, उसे पाने के लिए जी-जान लगा देते हैं, तो सफल जिंदगी का मंत्र यही साबित हो सकता है।

खेल की दुनिया के अपने कुछ संगी-साथियों पर ध्यान देती हूं, तो पाती हूं कि अपने देश में खिलाड़ियों को लेकर एक तरह का असंतुलन

है। सबका ध्यान क्रिकेट पर होने के कारण इस खेल ने खास जगह बनाई है, जिस कारण अन्य खेल पिछड़ रहे हैं। लेकिन इससे इतर बात करें तो हरेक खिलाड़ी का अपना सीमित कैरियर होता है। हमने अपने कैरियर की शुरुआत बहुत पहले कर दी, इसलिए सामान्य लोग जब अपने सफलता के पांव जमाना शुरू कर रहे हैं, हमारे संन्यास का समय चला आ रहा है। यह बात भी सच है कि सभी खिलाड़ी इतना पैसा नहीं कमा पाते कि उनकी रिटायरमेंट सुरक्षित हो।

वह आगे कहती हैं कि अगर खिलाड़ी बहुत ज्यादा भाग्यशाली रहे तो उन्हें विशेष कोटे के तहत नौकरी भी मिल जाती है। कुछ लोग नौकरी भी ढूंढते हैं, लेकिन उनके साथ समस्या यह है कि खेल के दौरान हाई स्कूल ही पास कर पाते हैं और उन्हें कॉलेज डिग्री पाने का मौका नहीं मिल पाता। यह देखकर बहुत दुःख होता है कि ताउम्र कोई कड़ी मेहनत कर देश के लिए खेले, लेकिन अंत समय में उसे जिंदगी चलाने के लिए इधर-उधर भटकना पड़े। ऐसी परिस्थिति में हम युवा लड़के-लड़कियों के लिए यह कैसे सिद्ध कर सकते हैं कि अगर उनमें क्षमता और प्रतिभा है, तो खेल एक सही विकल्प साबित हो सकता है। हकीकत तो यह है कि अपने देश में खेल से संबंधित अगर कोई चीज मुझे सबसे ज्यादा परेशान करती है, तो वह यही बात है। यह बात भी मेरी जानकारी में है कि जितने साल भी मैं खेलूंगी वह सीमित है, लेकिन सौभाग्यवश अभी मेरे पास समय है।

बड़ा सवाल यह है कि भविष्य में क्या करना है। इसके बारे में अभी कोई विचार नहीं है। हां, इतना जरूर है कि बैडमिंटन आज मेरी पहचान है, यह मेरे अतीत का सबसे सुखद पहलू है और यही भविष्य भी है, जिसके बारे में मैं हमेशा आगे सोचती हूं। अगर एक बार मैं खेलना बंद कर दूं तो कई सारी चीजें समाप्त हो जाएंगी। इसमें विज्ञापन और सेलीब्रिटी के नाते मिलने वाले धन, सुख-सुविधाएं शामिल हैं। इतना सब कुछ होने के बावजूद मुझे नहीं मालूम कि जिंदगी किधर ले जाएगी। हालांकि इन सब बातों से मैं कतई नहीं डरती। सच तो यह है कि इस खेल को अभी भी मेरी बहुत जरूरत है और मुझे अभी भी इस पर सबसे ज्यादा ध्यान देना है। अभी तो मुझे कई बड़ी प्रतियोगिताएं भी तो जीतनी हैं।'

वैसे इसी साल मई के महीने में अपने देश के खेल मंत्रालय ने साइना नेहवाल को बतौर इनाम 25 लाख रुपये देने का फैसला किया है। उन्हें

यह पुरस्कार ऑल इंगलैंड बैडमिंटन चैंपियनशिप में उप विजेता बनने के एवज में दिया जा रहा है। साइना वैसे पहली भारतीय महिला खिलाड़ी हैं, जो इस प्रतियोगिता के फाइनल तक पहुंची है। मंत्रालय ने अंतर्राष्ट्रीय लेवल में मेडल पाने वाले खिलाड़ी को इनामी रकम से नवाजने वाली स्कीम के तहत ही साइना को 25 लाख रुपये देने का फैसला किया है।

कुल मिलाकर, फिलहाल यही कहा जा सकता है कि साइना नेहवाल दुनिया की नंबर-वन खिलाड़ी बनने के बाद भी शांत नहीं है। उनकी मेहनत लगातार बिना रुके, बिना थके जारी है। अभी तो वह वर्षों और खेलना चाहती है, लिहाजा उन्हें खेलने दिया जाए। रिटायरमेंट और उसके बाद की योजना के बारे में उनसे चर्चा बाद में की जाती रहेगी।

OOO